Reinhard Grimm / Ewald E. Krainz

Teams sind berechenbar

Reinhard Grimm
Ewald E. Krainz

Teams sind berechenbar

Erfolgreiche Kommunikation durch
Kenntnis der Beziehungsmuster

Bibliografische Information der Deutschen Nationalbibliothek
Die Deutsche Nationalbibliothek verzeichnet diese Publikation in der
Deutschen Nationalbibliografie; detaillierte bibliografische Daten sind im Internet über
<http://dnb.d-nb.de> abrufbar.

1. Auflage 2011

Alle Rechte vorbehalten
© Gabler Verlag | Springer Fachmedien Wiesbaden GmbH 2011

Lektorat: Ulrike Lörcher

Gabler Verlag ist eine Marke von Springer Fachmedien.
Springer Fachmedien ist Teil der Fachverlagsgruppe Springer Science+Business Media.
www.gabler.de

Das Werk einschließlich aller seiner Teile ist urheberrechtlich geschützt. Jede Verwertung außerhalb der engen Grenzen des Urheberrechtsgesetzes ist ohne Zustimmung des Verlags unzulässig und strafbar. Das gilt insbesondere für Vervielfältigungen, Übersetzungen, Mikroverfilmungen und die Einspeicherung und Verarbeitung in elektronischen Systemen.

Die Wiedergabe von Gebrauchsnamen, Handelsnamen, Warenbezeichnungen usw. in diesem Werk berechtigt auch ohne besondere Kennzeichnung nicht zu der Annahme, dass solche Namen im Sinne der Warenzeichen- und Markenschutz-Gesetzgebung als frei zu betrachten wären und daher von jedermann benutzt werden dürften.

Umschlaggestaltung: KünkelLopka Medienentwicklung, Heidelberg
Gedruckt auf säurefreiem und chlorfrei gebleichtem Papier
Printed in Germany

ISBN 978-3-8349-2407-0

Vorwort

Bei der Arbeit mit Projektgruppen im beruflichen Zusammenhang, aber auch in zahlreichen Gruppendynamik-Seminaren in Forschungskontexten machten wir die Erfahrung, dass Menschen in ähnlichen Konstellationen immer wieder nach bestimmten Mustern agieren. Eigene erlernte Verhaltensprogramme sowie der soziale Kontext prägen die Handlungen der Einzelnen. So lässt sich etwa leicht zeigen, dass Mitglieder bereit sind, im Sinne der Gruppe persönliche Einstellungen und Meinungen zurückzustellen, wenn sie ihr Team nach außen vertreten. Von politischen Parteien kennt man dieses Phänomen als „Clubzwang". Genau genommen ist dies eine Einschränkung der individuellen Handlungsfreiheit, die mehr oder weniger freiwillig erfolgt. Darauf bauen etwa auch Unternehmen, wenn sie davon ausgehen, dass ihre Mitarbeiter im Sinne der Organisation handeln und in ihren Tätigkeiten bestimmten Erwartungshaltungen nachkommen.

Uns interessierte vor allem die Frage, welche Aspekte Mitglieder von Gruppen dazu veranlassen, in ihren Handlungen vorhersehbar zu werden. Dieses Wissen sollte als Schlüssel dienen, Kriterien zu formulieren, die es erlauben, soziales Verhalten zu verstehen und bis zu einem gewissen Grad zu prognostizieren. Wir konzentrierten uns dabei vor allem auf das Kommunikationsverhalten von Teams und die damit verbundene Beeinflussung der Mitglieder als Individuen.

Dazu erfassten wir die Beziehungsmuster einer Vielzahl von Gruppen und spiegelten nicht nur die statische Momentaufnahme an sich, sondern auch die daraus resultierenden dynamischen Aspekte den jeweiligen Betroffenen im Rahmen von Rückkopplungsschleifen zurück. Die Ergebnisse waren verblüffend. Alleine das Bewusstmachen der „wirklichen" sozialen Beeinflussungsstrukturen im eigenen Team und der sich daraus für jeden einzelnen, aber auch für die gesamte Konstellation ergebenden Konsequenzen führte in fast allen Fällen zu Verhaltensänderungen und zu einer neuen Handlungsfähigkeit, die zuvor nicht für möglich gehalten wurde. Diese Form der Selbsterkenntnis versetzte Gruppen in die Lage, interne Schwierigkeiten selbst zu meistern, die zwar in ihrer problematischen Auswirkung bekannt und wirksam waren, deren Ursache aber in einigen Fällen selbst erfahrene Berater nicht genau bestimmen konnten.

Diese positiven Erfahrungen mit der Erhebung und Reflexion der Beziehungsstrukturen und deren gruppendynamischen Auswirkungen veranlasste uns, das vorliegende Buch zu verfassen. Es soll jene Aspekte verdeutlichen, die eine Einschätzung sozialen Verhaltens erleichtern. Zugleich soll es aber auch die Restriktionen und Limitierungen eines solchen Vorhabens illustrieren.

Die beschriebenen Konzepte und Methoden sind darauf ausgerichtet, konkrete soziale Konstellationen zu betrachten. Jedes Team ist durch eine individuelle Struktur gekennzeichnet, die es von anderen Teams abhebt. Damit ist etwa die Aussagekraft statistischer Verfahren, die diese Individualität nicht berücksichtigen, für einen konkreten Problemfall stark relativiert. Um einen Nutzen für real existierende Gruppen hervorzubringen, beschreibt dieses Buch daher einen Weg, der das Besondere einer individuellen Konstellation aufgreift, um daraus Erkenntnisse abzuleiten. Die Wahrscheinlichkeit, dass diese für das jeweilige Team relevant sind, ist damit aber auch entsprechend hoch.

Machtlüsterne Kontrollfreaks, die gerne ihre Umgebung manipulieren möchten, werden in diesen Interessen nicht unterstützt. Denn um mit der beschriebenen Methode zu brauchbaren Aussagen zu gelangen, braucht man die konstruktive Mitwirkung der Betroffenen. Der Text soll für Berater oder Gruppen, die mit internen sozialen, d. h. kommunikativen und beziehungsmäßigen Schwierigkeiten zu kämpfen haben, eine Hilfestellung sein, eine Diagnose des gegenwärtigen Zustandes und die Bearbeitung von Konsequenzen zu ermöglichen. Es werden dabei im Optimalfall Verhältnisse sichtbar, die ohnehin in der Realität längst existierten, doch unbeobachtet und unkommentiert blieben. Es ist aber deren Vergegenwärtigung, die eine bessere Erkenntnis dessen erlaubt, was den zwischenmenschlichen Alltag prägt, und so einen konstruktiven Austausch darüber ermöglicht. Nicht die Erhebung der realen Strukturen und daraus resultierenden Dynamiken ist das eigentlich Interessante, sondern das, was betroffene Teams aus dieser Information machen!

Natürlich möchten wir nicht vorenthalten, dass die Methode auch dabei unterstützen kann, Beeinflussungsstrukturen von Organisationen, Kunden oder Entscheidungsgremien abzubilden, um die eigene Kommunikationsstrategie entsprechend anzupassen. Die intensive Auseinandersetzung mit der jeweiligen Konstellation erfordert jedoch auch hier eine Haltung, die eine ethisch fragwürdige Verwertung konterkariert. Nur bei einem guten und vertrauensvollen Verhältnis kommt man zu jenen Informationen, die eine aussagekräftige Situationsbeschreibung und die Gestaltung der Zukunft ermöglichen.

Dieses Buch stützt sich insbesondere auf Erkenntnisse aus zahlreichen Gruppendynamik-Workshops und unserer Arbeit mit Projektgruppen. Wir möchten uns an dieser Stelle für die stets sehr engagierte und konstruktive Zusammenarbeit mit den Akteuren bedanken, die uns wesentliche Einblicke in den Kern des Geschehens verschiedenster Gruppenkonstellationen vermittelte.

Außerdem möchten wir Florian Eckkrammer für die kritische Durchsicht des Manuskripts und seine wertvollen Anregungen für dieses Buch danken.

Der Leserschaft dieses Buches wünschen wir eine unterhaltsame Lektüre, die aufschlussreiche Erkenntnisse über die Einschätzbarkeit sozialer Konstellationen und sozialen Verhaltens vermittelt.

Wien, Juni 2010

Reinhard Grimm

Ewald E. Krainz

Inhaltsverzeichnis

Vorwort V
Abbildungsverzeichnis IX
Tabellenverzeichnis XI

1	Einleitung	1
1.1	Sind soziale Systeme berechenbar?	1
1.2	Herausforderung	2
1.3	Anwendungsgebiete	5
1.4	Inhalt dieses Buches	7
2	Berechenbarkeit sozialer Systeme	9
2.1	Kommunikation — der Stoff, aus dem Gruppen gemacht sind	9
2.2	Von der Interaktion zum sozialen System	11
2.3	Ebenen und Kopplungen	23
2.4	Stabilität und permanenter Wandel	32
2.5	(Un-)Vorhersehbarkeit des Verhaltens	35
2.6	Zusammenfassung	41
3	Gruppendynamische Forschung für die Führungs- und Beratungspraxis	45
3.1	Ursprünge gruppendynamischen Erfahrungslernens	45
3.2	Soziometrische Analysen in Gruppen	48
3.3	Soziometrische Analysen in Organisationen	55
3.4	Zusammenfassung	63
4	Die Soziale Impuls Analyse (SIA)	67
4.1	Modellierung und Simulation sozialer Systeme	67
4.2	Modell und Parameter	68
4.3	Voraussetzungen und Einschränkungen	75
5	Die Soziale Impuls Analyse (SIA) in der Praxis	81
5.1	Allgemeine Aspekte	81
5.2	Ablauf	84
5.3	Typische Problemfelder	102
5.4	Softwaregestützte Modellierung und Simulation	109
6	Beispiele	119
6.1	Stille Post	119
6.2	Beharrlichkeit	119
6.3	PowerSocks	123
7	Auf den Punkt gebracht	127

Literaturverzeichnis 129
Stichwortverzeichnis 131
Die Autoren 135

Abbildungsverzeichnis

Abbildung 1.1	Konrads Gehaltserhöhung	3
Abbildung 2.1	Wechselseitige Äquivalenzstruktur: Wirt und Musiker	14
Abbildung 2.2	Der Netzwerker	18
Abbildung 2.3	Systemebenen der Firma PowerSocks	27
Abbildung 2.4	Herr Crawler im Spannungsfeld zweier Systeme	30
Abbildung 2.5	Beratungssystem zur Erfassung der Systeminterna	36
Abbildung 3.1	Gruppe als Kraftfeld	47
Abbildung 3.2	Vertrauenssoziogramm	50
Abbildung 3.3	Doppelbindungen Vertrauen und Einfluss	52
Abbildung 3.4	Strukturbild der Gruppe, Einfluss und Vertrauen wechselseitig	53
Abbildung 3.5	Struktur nach dem Gruppen-Organisations-Soziogramm	58
Abbildung 3.6	Substruktur in einer größeren Population	59
Abbildung 3.7	Struktur zum Zeitpunkt der Nullmessung (Ausschnitt)	61
Abbildung 3.8	Struktur zwei Tage später (Ausschnitt)	61
Abbildung 4.1	Modellierung sämtlicher Zweierbeziehungen eines Vierer-Teams	69
Abbildung 4.2	Parameter zur Modellierung sozialer Verbindungen	72
Abbildung 4.3	Konrads Gehaltserhöhung — Wirkung auf Hugo	73
Abbildung 4.4	Beispiel des Wirkungsverlaufes über fünf Zyklen	74
Abbildung 5.1	Beispiel einer ersten Strukturerfassung	88
Abbildung 5.2	Simulation: Herrn Meiers Idee	95
Abbildung 5.3	Übersicht: Ablauf SIA	101
Abbildung 5.4	Widersprüche in sozialen Konstellationen	103
Abbildung 5.5	Komplexitätsbrüche in sozialen Konstellationen	105
Abbildung 5.6	Schleifenbildung in sozialen Systemen	108
Abbildung 5.7	Beispiel: Eingabemaske für Ersterfassung (Auszug)	111
Abbildung 5.8	Beispiel: Darstellung der Gesamtstruktur	112
Abbildung 5.9	Navigationsleiste	113
Abbildung 5.10	Beispiel: Festlegung des Ausgangszustands	114
Abbildung 5.11	Neue Verbindung	115
Abbildung 5.12	Beispiel: Darstellung im Zeitverlauf	116
Abbildung 6.1	Anwendungsbeispiel: Stille Post	120
Abbildung 6.2	Anwendungsbeispiel: Beharrlichkeit	121
Abbildung 6.3	Anwendungsbeispiel: Entscheidungsschwierigkeiten	122
Abbildung 6.4	Anwendungsbeispiel: PowerSocks vor Coaching	124
Abbildung 6.5	Anwendungsbeispiel: PowerSocks nach Coaching	125

Tabellenverzeichnis

Tabelle 2.1	Aspekte pro Vorhersehbarkeit	42
Tabelle 2.2	Schwierigkeiten in der Einschätzung	42
Tabelle 5.1	Beispiel einer Kalibrierungstabelle	91

1 Einleitung

1.1 Sind soziale Systeme berechenbar?

Denken Sie bitte kurz an eine Angelegenheit, die ihr Leben maßgeblich – am besten im positiven Sinn – verändern kann und bei der Sie von anderen Menschen abhängig sind. Nun stellen Sie sich vor, dass Sie jetzt schon wissen, wie sich die jeweiligen Personen verhalten werden. Wäre es nicht interessant, sich darauf einstellen zu können? Oder wäre es nicht noch besser, ein paar Menschen zu identifizieren, die helfen könnten, damit das Ergebnis in der gewünschten Form ausfällt?

Wie würde etwa das Leben verlaufen, wenn man im Vorhinein wüsste, wer kontaktiert werden sollte, um eine bahnbrechende Erfindung möglichst schnell zu verbreiten, ob der Partner oder die Partnerin von einem Seitensprung erfahren wird oder wen es zu überzeugen gilt, um letztlich bei seinem Vorgesetzten eine Firmenwohnung in Südfrankreich durchzubringen?

Die Antwort auf jede dieser beispielhaften Fragen hat einen maßgeblichen Einfluss auf die jeweiligen Betroffenen und es wäre natürlich sehr aufschlussreich, sie im Vorfeld schon zu kennen. Allerdings hängen diese Konstellationen wesentlich von anderen Personen ab, die ihre eigene Meinung zu den Sachverhalten haben, wieder mit anderen Leuten sprechen, von diesen beeinflusst werden und so weiter. Daher kann nur sehr schwer vorhergesagt werden, ob die relevante Information eine bestimmte Person erreicht und wie diese darauf reagiert. Um das herauszufinden, wäre es natürlich ein denkbares Mittel, die Sache einfach auszuprobieren. Allerdings schafft alleine der Versuch neue Sachverhalte und führt damit zu mehr oder weniger gewünschten Konsequenzen, die oft nur schwer rückgängig gemacht werden können. Wäre es nun aber möglich, die Antwort auf die Frage im Vorhinein zu kennen, also das Verhalten des sozialen Geflechts vor dem Versuch bereits in einer Simulation durchspielen zu können, hätte dies einen entscheidenden Erkenntnisgewinn für den Betroffenen, noch bevor es in der Realität zu einer Auswirkung käme.

Für die Freunde der Zukunftsvorhersage möchten wir eine gute Nachricht bereits an dieser Stelle vorweg nehmen: JA, soziale Systeme sind berechenbar! Im Prinzip. Die schlechte Nachricht ist, dass man dazu nicht nur das soziale System im Detail kennen, sondern darüber hinaus auch wissen müsste, wie jeder einzelne Mensch auf eine spezifische Information zu einem bestimmten Zeitpunkt reagiert, und dies ist aufgrund der Willensfreiheit des Menschen nicht vorherbestimmbar. Damit wären soziale Systeme zwar berechenbar, essenzielle „Parameter" für eine hundertprozentige Vorhersage sind jedoch Außenstehenden nicht zugänglich.

Die Konsequenz daraus ist jedoch nicht, dass etwa Frau Huber überhaupt keine Möglichkeit hätte, zu erahnen, ob ihr Mann von einer heimlichen Liebschaft erfährt. Mit Hilfe von ein paar Gedankenspielen lässt sich durchaus eine gewisse Vorhersage treffen. So ist es naheliegend, dass das Risiko, erwischt zu werden, deutlich höher ist, wenn die Liaison längere Zeit andauert. Ebenso erhöht ein gemeinsamer Freundeskreis die Wahrscheinlichkeit, dass Herr Huber früher oder später dahinter kommt, denn eines ist sicher: Wo immer Menschen beteiligt sind, fließen interessante Neuigkeiten von einer Person zur nächsten in einem Tempo, das man nicht für möglich halten möchte. Selbst wenn sich seine Gattin keineswegs völlig sicher sein kann, so hat sie doch die Chance, anhand von ein paar Faktoren ein Gefühl dafür zu entwickeln, ob und wie schnell ein Seitensprung mit Herrn Müller auffliegen würde.

Ähnliche Mechanismen wirken auch im Geschäftsleben. Von einem Angestellten kann der Firmenchef erwarten, dass er zu den vereinbarten Zeiten im Büro erscheint, ihn darüber informiert, wenn sich bei der Arbeit eine wichtige Neuigkeit ergibt und auch Vereinbarungen mit seinen Kollegen einhält. Der Mitarbeiter tut dies nicht zuletzt deshalb, weil er im Gegenzug eine entsprechende Entlohnung von seinem Arbeitgeber erwartet. Beide Parteien halten sich an Vereinbarungen und ziehen daraus auch ihrerseits einen Nutzen.

Kurz gesagt ermöglichen soziale Strukturen, dass sich Informationen rasch verbreiten und Menschen gegenseitig beeinflussen. Umgekehrt schränken wiederum andere Faktoren wie etwa Vereinbarungen oder Organisationsstrukturen den Handlungsspielraum von Menschen ein. Denken kann man sich alles Mögliche, das Gedachte zu artikulieren ist nicht selten riskant, und noch einmal etwas anderes ist es, ob dies auf die Umstände einen Einfluss hat. Dennoch ist in Kenntnis dieser Aspekte zumindest mit einer gewissen Unschärfe eine Vorhersage über das Beeinflussungsverhalten möglich. Im Grunde ist es wie beim Schach: Ein paar Züge kann man vorausdenken, bis – zumindest für den „Normalverbraucher" – die Anzahl der Möglichkeiten das berechnende Denken überfordert.

1.2   Herausforderung

So einfach es klingt, Gedankenspiele anzustellen, wie eine Person von anderen beeinflusst und auf eine bestimmte Information reagieren wird, so schwierig ist dieser Versuch, wenn mehr als drei Menschen involviert sind. Bei zwei oder drei Personen ist die Sache noch überschaubar. Wenn etwa Konrad seiner Arbeitskollegin Sabine erzählt, dass sein Gehalt verdoppelt wurde, ist anzunehmen, dass Susi davon erfährt, wenn sich die drei gut leiden können. Ebenso gut könnte er Susi diese Nachricht auch direkt überbringen und sie wird sich mit ihm freuen. Etwas anders ist es, wenn Konrad ein Miesepeter ist, den die beiden Freundinnen Susi und Sabine nicht leiden können. Sobald eine davon erfährt, wird sie vermutlich aufgebracht und erbost der anderen davon erzählen. Konrad hätte unmittelbar beide gegen sich.

So weit, so gut. Das Gedankenexperiment war noch in beiden Konstellationen zu durchschauen. Was aber, wenn Konrads Freund, Werner, mit Susi verheiratet wäre und Sabine mit Hugo, Susis Ex-Freund und Konrads Kumpel, einmal in der Woche Spanisch-Unterricht hätte? Das Ganze im Kopf durchspielen? Keine Chance! Es wird auch schnell deutlich, dass trotz Skizze (**Abbildung 1.1**) der Informationsfluss nur noch schwer nachvollziehbar ist, denn die Kommunikation läuft über mehrere Wege gleichzeitig. Eine Aussage, ob Werner von der Gehaltserhöhung erfährt und wie er darüber denkt, wenn Konrad anfangs nur Sabine davon erzählt, ist nahezu nicht mehr in Gedanken durchspielbar, selbst wenn das Szenario skizziert vorliegt, und es wird unmöglich, wenn es gilt, ganze Teams oder Abteilungen einzuschätzen.

Abbildung 1.1   Konrads Gehaltserhöhung

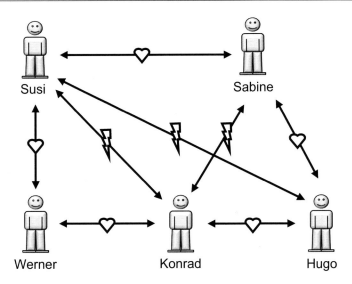

Um eine Aussage treffen zu können, ob sich Werner mit Konrad freut, oder ob er doch zu seiner Frau hält, genügt es aber nicht nur, die Kommunikationswege zu kennen. Es ist wichtig zu wissen, wie die einzelnen Personen zueinander stehen, wer wen wie beeinflusst und welchen Wissensstand alle haben. All diese Faktoren können sich jedoch im Zeitverlauf ändern.

Unser Denken kann Erstaunliches leisten, aber wenn es darum geht, komplexere soziale Konstellationen zu analysieren, stößt es an seine Limits, da die Komplexität dieses Vorhabens rasch die Kapazität eines individuellen Denkvermögens überschreitet. Allerdings sind auch softwaregestützten Verfahren Grenzen gesetzt, denn wie will man soziale Verhältnisse in 0 und 1 abbilden? Welchen Wert soll man für große Sympathie wählen und wie lässt sich diese messen? Die zahlenmäßige Festlegung kommt einem Willkürakt gleich.

Erschwerend wirkt sich die Tatsache aus, dass sich innere Einstellungen von Personen durch Außenstehende gar nicht ermitteln lassen und man auf die Auskunft seitens der Betroffenen angewiesen ist. Hinzu kommen Massenphänomene, wobei kleine Impulse und einzelne Personen ganze Völker beeinflussen können, wie die Geschichte immer wieder belegt. Eine Vorhersage des Beeinflussungsverhaltens sozialer Systeme ist unter diesen Voraussetzungen keine leichte Aufgabe!

Mit zahlreichen Modellen wird bereits versucht, Verhalten von Menschen zu beschreiben. Sie werden sehr erfolgreich zur Berechnung von Evakuierungsszenarien für Hochhäuser eingesetzt oder wenn es darum geht, Trends im Sparverhalten der Europäer zu ergründen. Zumeist handelt es sich jedoch bei den verwendeten Verfahren um statistische Methoden, die die Besonderheit und Individualität einer sozialen Konstellation, eines Teams, eines Freundeskreises ignorieren. Selbst wenn sie für allgemeine Aussagen hilfreich sind, so haben sie doch wenig Aussagekraft für die Problemstellung einer bestimmten Person oder einer bestimmten Arbeitsgruppe. Der Informationsgehalt ist ebenso hoch wie die Klimakurve einer Region für die Planung des Wochenendausflugs. Wenn etwa die Klimatologen sicher sind, dass es in einer Urlaubsregion in den Sommermonaten im Durchschnitt 35° hat und nur drei Tage pro Monat regnet, so hilft dies wenig, wenn man genau diese drei Tage erwischt und bei 18° am Strand sitzt. Viel relevanter wäre es zu wissen, ob es in Cannes vom 20. bis 27. August regnen wird – vorausgesetzt, man macht dort Urlaub. Denn es sind, wie Enzensberger vermerkt, nicht die um einen statistischen Durchschnitt normalverteilten Werte (die ohnehin nur eine Näherung darstellen), sondern die eher unwahrscheinlichen „Ausreißer" im Datenschwarm, welche die nachhaltigsten Effekte erzeugen (Enzensberger 2009). Genauso verhält es sich mit Vorhersagen zum Verhalten sozialer Systeme. Es hilft einem Team wenig zu wissen, dass im Durchschnitt 75 % der Projektteams an sozialen Problemen scheitern. Vielmehr wäre interessant, ob das eigene Team gefährdet ist und in welcher Form.

Soziogramme, mit denen Moreno bereits in den 30er Jahren hantierte (Die Grundlagen der Soziometrie; 4. Auflage von 1995), oder Netzwerk-Analysen, wie sie etwa sehr umfassend von Wasserman und Faust (1994) beschrieben werden, sind hier ein hilfreiches Mittel, den Status quo eines Teams zu veranschaulichen. Dabei wird jedoch primär „nur" die soziale Struktur ermittelt. Aussagen darüber, wie eine Information, die nur eine bestimmte Person hat, in der Gruppe weiterverteilt wird und wie die einzelnen Gruppenmitglieder im Zeitverlauf davon beeinflusst werden, lassen sich aber auch damit noch nicht generieren.

Die im Folgenden beschriebene Methode der „Sozialen Impuls Analyse" bietet einen Zugang, der diese beiden Einschränkungen relativiert und für ein einzelnes soziales System ein relevantes Ergebnis liefert und mit einer prognostischen Betrachtung im Zeitverlauf verknüpft. Es handelt sich dabei um ein Verfahren, mit dessen Hilfe für eine bestimmte soziale Konstellation mit einer aussagekräftigen Wahrscheinlichkeit vorhergesagt werden kann, wie diese auf eine Information reagiert. Darüber hinaus bietet sie auch noch die Möglichkeit, Was-wäre-wenn-Szenarien durchzuspielen. Entscheidend dabei ist jedoch, dass sie auf keinen Fall im Alleingang durch einen außenstehenden Berater oder Beobachter durchgeführt werden kann. Vielmehr wird die intensive Mitarbeit der Betroffenen vorausgesetzt. Angesichts des dadurch erzielbaren Ergebnisses lohnt sich jedoch der Aufwand, da bei einer korrekten Erhebung der Inputfaktoren und Modellierung des betroffenen Systems erstaunliche Erkenntnisgewinne erzielbar sind, wie in weiterer Folge noch gezeigt werden soll.

1.3 Anwendungsgebiete

Unter der Annahme, es sei möglich, das Verhalten sozialer Systeme in einer gewissen Bandbreite vorherzusagen, stellt sich natürlich die Frage, welche Anwendungsbereiche sich damit erschließen.

Nachdem die Soziale Impuls Analyse auf der Mitwirkung der beteiligten Personen aufbaut, ist ein hinlängliches Vertrauensverhältnis zwischen drei „Parteien" zwingend erforderlich: dem Auftraggeber, demjenigen, der die Modellierung und Simulation durchführt und den Mitgliedern der zu untersuchenden Gruppe. Sofern dies aber gegeben ist, sind den Einsatzmöglichkeiten kaum Grenzen gesetzt und überall, wo mehrere Menschen ein gemeinsames Ziel oder gemeinsame Interessen haben, kann die Methode angewendet werden.

Mit der Sozialen Impuls Analyse lassen sich etwa die Interaktionsbeziehungen innerhalb eines Teams sehr übersichtlich darstellen. Damit ist auf einem Blick erkennbar, ob beispielsweise Herr Weißnix vom Informationsfluss im Team ausgeschlossen ist oder ob die Kontakte zum Sublieferanten Hatnix etabliert genug sind, sodass dieser die für ihn wichtigen Informationen erhält. Weiterhin bietet diese Methode die Möglichkeit, informelle Organisationsstrukturen sichtbar zu machen und Schlüsselpersonen und Beeinflusser in Teams aufzufinden. Umgekehrt schafft das Tool auch die Grundlage dafür, frühzeitig Mobbing-Bedrohungen in Arbeitsgruppen zu identifizieren, um Gegenmaßnahmen einzuleiten.

Neben den rein strukturellen Aspekten, die mit dieser Methode aufgezeigt werden können, dient sie vor allem zur Betrachtung von Kommunikations- und Beeinflussungsverhalten im Zeitverlauf. Damit ist es etwa möglich herauszufinden, wie lange es dauert, bis die ganze Firma davon erfährt, wenn man Frau Sagnix erzählt, dass Herr Kannix das Unternehmen zu verlassen gedenkt. Umgelegt auf die Zusammenarbeit in Projektteams schafft die Soziale Impuls Analyse damit die Basis für eine effektive Planung regelmäßiger Besprechungen, da sie dabei hilft zu ermitteln, wer unbedingt dabei sein muss und wie häufig die Treffen stattfinden sollen, um Informationen möglichst rasch, aber auch nachhaltig in der Organisation zu verbreiten. Ebenso unterstützt das Verfahren bei der Planung von Kommunikationsstrategien wie etwa einer gezielten Information der Mitarbeiter zur Umstrukturierung eines Unternehmens. Durch die Möglichkeit, Kommunikationsflüsse zu simulieren, ist es ein Leichtes durchzuspielen, welche Personen in welcher Reihenfolge für eine Idee gewonnen werden müssen, um eine möglichst breite Unterstützung für eine bestimmte Maßnahme sicherzustellen.

Die Soziale Impuls Analyse erlaubt es jedoch nicht nur, die Verbreitung einer Information einzuschätzen, sondern hilft auch dabei, eine Aussage darüber zu treffen, wie hoch die Erfolgschancen sind, eine wichtige Person von einem bestimmten Sachverhalt zu überzeugen. Beispielsweise könnte die Simulation ergeben, dass Herr Superschlau und Frau Technikus unbedingt für die Einführung einer neuen Produktlinie gewonnen werden müssen, bevor der Vorschlag dem Vorstand unterbreitet wird, da er die beiden sofort um

Rat für die Entscheidung fragen würde. Das Ganze kann natürlich auch auf jene Personen ausgeweitet werden, die Herr Superschlau und Frau Technikus in deren Meinungsbildung behilflich sind, bis klar ist, an welcher Stelle im Unternehmen die Idee am besten platziert werden sollte und welche Personen im nächsten Schritt eingeweiht werden müssen.

Kurz zusammengefasst liefert die Soziale Impuls Analyse die Grundlage dafür, soziale Problemfelder zu erkennen und zu lösen, die Performanz von Projektteams zu verbessern und die Akzeptanz eigener Entscheidungen in Gruppen wahrscheinlicher zu machen.

Nicht zu unterschätzen ist dabei, dass dieses Hilfsmittel einen Hebel darstellt, mit dessen Hilfe signifikante Veränderungsprozesse in Gruppen ausgelöst werden können. Dabei wirkt, wie später noch gezeigt wird, die Methode in mehrfacher Hinsicht. Alleine die Erfassung der sozialen Struktur ist eine Intervention in das Gefüge, die das Verhalten der Betroffenen beeinflusst. Darüber hinaus hilft die Soziale Impuls Analyse dabei, effektive Kommunikationsstrategien zu erarbeiten, was wiederum die Wirksamkeit einer Information innerhalb einer sozialen Struktur massiv verstärken kann.

Daher stellt sich auch die Frage nach der moralischen Vertretbarkeit dieses Zugangs. Dazu ist generell festzuhalten, dass die Soziale Impuls Analyse wie jedes Werkzeug erst durch den Anwender im positiven oder negativen Sinn Verwendung findet. Außerdem sind hier zwei besonders relevante Aspekte hervorzuheben. Zunächst ist das Ergebnis eine Abbildung der bestehenden Struktur eines Teams und damit – vergleichbar mit einer ärztlichen Diagnose – eine Darstellung bereits existierender Verhältnisse. Ob diese dem Patienten gefallen oder nicht und was er damit macht, ist eine andere Frage. In jedem Fall verschafft ihm die Auswertung eine höhere Erkenntnisebene, die ihn erst in die Lage versetzt, entsprechende Aktionen abzuleiten. Die Diagnose an sich ändert nichts am Sachverhalt. Sie macht ihn lediglich bewusst und eröffnet damit erst die Chance, gegebenenfalls die richtige Heilungsmethode beziehungsweise im Fall des sozialen Systems strukturelle Maßnahme(n) vorzunehmen, um einen angestrebten Zustand zu erreichen. Zweitens erfordert eine aussagekräftige Herstellung der Diagnose die Mitwirkung der Betroffenen, wobei diesen auch Ziel und Zweck des Vorgehens bekannt sein müssen, weil sonst die Angaben verfälscht werden. Damit relativiert sich die Möglichkeit eines böswilligen Einsatzes schon vom Konzept her.

Gefährlich ist jedoch eine inkompetente Anwendung der Methode, bei der etwa eine einseitige Erhebung der sozialen Strukturen vorgenommen wird oder vorschnelle Schlüsse gezogen werden, ohne diese in der Gruppe zu reflektieren. Dieses Buch soll dem vorbeugen und nicht nur für Berater einen Leitfaden einer wirksamen und hilfreichen Umsetzung bieten. Es soll vor allem auch Interessierte darüber informieren, welche Erkenntnisse aus sozialen Strukturen abgeleitet und wie diese potenziell genutzt werden können.

1.4 Inhalt dieses Buches

Dieses Buch vermittelt ein grundlegendes Wissen über jene Punkte, die dazu führen, dass Mitglieder sozialer Systeme in ihren Handlungen vorhersehbar werden. Dazu geht **Kapitel 2 Berechenbarkeit sozialer Systeme** auf Aspekte ein, welche unvermeidbar mit der Existenz von Gruppen verbunden sind und die Handlungsfreiheit der Mitglieder einschränken oder in anderer Hinsicht eine Verhaltensprognose erleichtern.

Kapitel 3 Gruppendynamische Forschung für die Führungs- und Beratungspraxis berichtet aus der Werkstatt der Gruppendynamik an der Universität Klagenfurt. Dort wird mit zwei sozialen Formaten experimentiert, die das soziale Leben essenziell bestimmen, Gruppe und Organisation. Soziometrische Untersuchungen spielen dabei eine wichtige Rolle. Sie stehen im Dienst der Aufklärung über soziale Strukturen und helfen mit bei der Entwicklung der Selbststeuerungsfähigkeit sozialer Formationen. Die dabei verwendeten Kategorien haben auch die Entwicklung der Sozialen Impuls Analyse beeinflusst.

Kapitel 4 Die Soziale Impuls Analyse (SIA) baut auf diesem Wissen auf und stellt eine Methode vor, mit deren Hilfe es gelingt, die „realen" Strukturen einer sozialen Konstellation rasch zu erfassen und anschließend daraus abzuleiten, welche Beeinflussungsmuster sich dadurch ergeben. Dies ist auch die Grundlage zur Prognose des Verhaltens eines bestimmten Teams angesichts gegebener Rahmenbedingungen. Zudem erläutert dieser Abschnitt, unter welchen Voraussetzungen eine solche Einschätzung überhaupt möglich wird. Er gibt Aufschluss über die Aussagekraft des Verfahrens und beschreibt ferner, welche Gefahren mit unsachgemäßer Anwendung verbunden sein können.

Kapitel 5 Die Soziale Impuls Analyse (SIA) in der Praxis liefert eine Schritt-für-Schritt-Anleitung zur Modellierung und Simulation von Gruppen. Hierzu werden auch potenzielle Stolpersteine sowie Tipps für eine erfolgreiche Umsetzung und zahlreiche Beispiele angeführt.

Abschließend finden sich noch mehrere Anwendungsbeispiele Sozialer Impuls Analyse mit entsprechenden Erläuterungen zur Ausgangssituation und zum Erkenntniswert der jeweiligen Simulation.

2 Berechenbarkeit sozialer Systeme

2.1 Kommunikation – der Stoff, aus dem Gruppen gemacht sind

Das zentrale Element, aus dem jedes soziale System besteht, ist Kommunikation. Für den Freundeskreis oder ein Projektteam gilt dies ebenso wie für einen Schützenverein. Diese Aussage ist für „Normalverbraucher" vielleicht nicht naheliegend und wirft auch sofort die Frage auf, wo dann die Menschen bleiben, wenn soziale Systeme aus Kommunikation aufgebaut sein sollen. Tatsächlich handelt es sich bei dieser Sichtweise um einen theoretischen Kunstgriff, der auch seine praktischen Seiten hat. Was Letztere anbelangt, hat man, wenn man Dinge beeinflussen möchte, mehr Zugriff auf die Kommunikationen als auf die Menschen. Wie nämlich miteinander agiert wird, ist weitaus plastischer als die individuelle Eigenart von Personen. Man kann sich ja nicht einmal selbst so ohne Weiteres ändern, wie dann erst andere? Viel Stress in den Zweierbeziehungen resultiert genau daraus, dass diese Einsicht nicht sehr verbreitet ist.

Theoretisch gesehen hat sich in Form eines berühmt gewordenen Satzes die Einsicht so verbreitet: Das Ganze, sagt man, ist etwas anderes als die Summe seiner Teile. Dieser Satz ist ein „Gestaltgesetz" (das Gesetz der „Übersummativität"), es kommt aus einer psychologischen Richtung der ersten Hälfte des vorigen Jahrhunderts, der „Gestaltpsychologie". Ihr ging es darum zu verdeutlichen, dass sich die menschliche Wahrnehmung stärker am Ganzheitlichen orientiert als am Ensemble der einzelnen Komponenten, aus denen das Ganze zusammengesetzt ist. Wenn man z. B. ein paar Worte mit einer bis dahin unbekannten Person wechselt, erkennt man diese Person sofort wieder, wenn man ihr zehn Minuten später wieder begegnet. Man wäre aber – außer man ist geübter Porträtzeichner – überfordert, wenn man die einzelnen Gesichtszüge dieser Person beschreiben müsste (bekanntlich ein Problem bei der Erstellung von Phantombildern). In der später entstehenden Gruppendynamik als junge Sozialwissenschaft (s. dazu Krainz 2008) hat man die „Gestaltqualität" der Phänomene auf soziale Beziehungen übertragen. Das Ganze einer Gruppe besteht nicht aus der Summe der Individuen in dieser Gruppe, sondern aus der Relation dieser Beziehungen zueinander. Und weil „Beziehungen" etwas schwer greifbar klingt, hält man sich an die leichter beobachtbaren Kommunikationen beziehungsweise Interaktionen, welche die Individuen miteinander verknüpfen.

Die aktuelle soziologische Systemtheorie (grundlegend dazu Luhmann 1987) artikuliert sich hier sinngemäß gleich: Will man soziale Systeme beschreiben, soll man sich an die „Kommunikationsoperationen" halten. Menschen werden dafür zwar als notwendige Voraussetzung gesehen, Kommunikation überhaupt erst zu ermöglichen, aber als solche stehen sie nicht im Fokus der Aufmerksamkeit. Von daher kommt, dass zahlreiche Beratergruppen und Beratungsfirmen sich heute gerne „systemisch" nennen. Man möchte sich ja im professionellen Handeln nicht nur an praktischen Chancen und einem aus Erfahrung abgeleiteten „Gefühl" orientieren, sondern sich auch auf eine theoretische Grundlage stützen. Dabei bezieht man sich auf primäre (Luhmann), sekundäre (z. B. Willke 2000) und anwendungsbezogene (z. B. Wimmer 2004) Theorien. Der „Modecharakter" des Systemischen ist gleichzeitig ihr Schönheitsfehler, denn er bringt mit sich, dass die meisten (vor allem die Jüngeren in der Beraterzunft), die sich damit bekleiden, über die außersystemischen Theorien, insbesondere über die Gestalttradition und über Gruppendynamik, uninformiert sind. Für Manager kann das relativ gleichgültig sein, solange Beratung etwas bewegt. Anders verhält es sich natürlich mit den wissenschaftsinternen Diskursen, Verbindungen und Unterscheidungen.

Ob so oder so, soziale, d. h. interaktive Systeme, sind durch die Kommunikationen besser beschreibbar als durch die Konzentration auf die Individuen. Es verhält sich hier ähnlich wie beim Straßenverkehr: Autos sind notwendige Voraussetzung, dass man von Straßenverkehr spricht, und jeder wird wohl an Autos denken und an Personen, die von A nach B wollen, wenn von Straßenverkehr die Rede ist. Genau genommen handelt es sich aber um ein Phänomen, das durch Bewegung und oft auch Stillstand von Autos erst hervorgebracht wird und das definitiv etwas anderes ist als die bloße Ansammlung von Fahrzeugen. So würde wohl kaum jemand von Verkehr sprechen, wenn er Autos auf einem Schrottplatz oder im Schauraum eines Händlers vorfindet. Dasselbe gilt für soziale Systeme. Ihre Existenz setzt Menschen voraus, allerdings ist es nicht nur das Vorhandensein von Personen, das uns von sozialen Systemen sprechen lässt. Wie bei den Autos würde man wohl nicht von einem Team oder sozialen System sprechen, wenn man 30 Personen willkürlich zusammenstellte. Erst durch Kommunikation untereinander (und da ist man bei 30 Personen jenseits einer funktionsfähigen Größenordnung) ist die Grundlage für ein soziales System geschaffen.

Zudem ist aber noch ein verbindendes Element notwendig, das uns erlaubt, dieses spezifische System auch als solches zu bezeichnen, denn wie sollte sonst ein Team von einem anderen unterschieden werden können? Wiederum liefert hier der Verkehr eine gute Analogie. Flugverkehr zeichnet sich durch eine fliegende Bewegung aus, Land- beziehungsweise Straßenverkehr durch eine rollende und Schiffsverkehr durch eine schwimmende. Jedes Verkehrssystem interagiert in sich und die Bewegungen der einzelnen Elemente (Autos, Flugzeuge, Schiffe) müssen aufeinander abgestimmt werden, sodass der Verkehr „funktioniert". Ebenso gibt es bei sozialen Systemen verbindende Elemente, die in weiterer Folge noch ausgearbeitet werden. Sie sind wesentliche Eckpfeiler, die Handlungen einzelner Personen vorhersehbar machen, ebenso, wie im Straßenverkehr davon ausgegangen werden kann, dass sich ein Auto in der Regel am Boden und auf der rechten beziehungsweise in einigen Ländern auf der linken Straßenseite bewegt.

Kommunikation baut auf drei zentralen Elementen auf: Information, Mitteilung und Verstehen (Luhmann 1987, S. 203). Dies bedeutet, damit Kommunikation zu Stande kommen kann, muss eine Information von einer Person einer oder mehreren anderen mitgeteilt und von diesen verstanden werden. Verstehen ist die Grundlage dafür, dass Kommunikation fortgesetzt werden kann. Der Begriff „Verstehen" muss in diesem Zusammenhang jedoch etwas näher erläutert werden. Gemeint ist nicht das inhaltliche Verstehen, bei dem der

Empfänger genau weiß, was der Sender mit der Mitteilung der Information bezwecken wollte oder die Information in gleicher Weise interpretiert. Es geht darum, dass der Adressat die Information wahrnimmt und sie bei ihm eine Reaktion auslöst. Er wird also durch die Information beeinflusst, sie erzielt bei ihm eine innere Wirkung. Ob er der Information zustimmt, sein Verhalten ändert oder diese als irrelevant einstuft, ist eine andere Frage. Allerdings ist das Auslösen einer Wirkung eine notwendige Voraussetzung für das Zustandekommen eines Kommunikationsprozesses.

Erzählt Herr Doubledeal in der Straßenbahn einem Fremden, dass sich der Kurs der Aktie Cashmax innerhalb einer Woche verdoppelt hat und der Trend mit Sicherheit die nächsten Wochen anhält, wird dies mitunter beim angesprochenen Herrn Habnix nicht auf Resonanz stoßen, wenn dieser überhaupt keine Ahnung von Aktienkursen und auch nicht die Absicht hat, Aktien zu erwerben. Die Kommunikation würde an dieser Stelle enden. Anders wäre es, wenn die Information beim Angesprochenen die Wirkung hätte, dass er daran denkt, auf diese Weise zum ersehnten Reichtum zu kommen. In diesem Fall würde vermutlich eine Anschlusskommunikation folgen, indem Herr Habnix nachfragt, wie er denn zu solchen Aktien kommen könne. Hier wurde die mitgeteilte Information verstanden und wiederum mit einer mitgeteilten Information (Interesse an Kaufmöglichkeit) beantwortet. Im Falle gelungener Unterhaltung ist zu erkennen, dass Kommunikation auf Kommunikation folgt und sich sozusagen selbst hervorbringt. In Anlehnung an die Biologie (Maturana & Varela 1991) hat Luhmann hier von „autopoietischen", d. h. selbsterschaffenden oder selbsterhaltenden Systemen gesprochen.

Die „Autopoiesis" gilt für jedes soziale System. Innerhalb jedes sozialen Systems folgt Kommunikation auf Kommunikation und das System hält sich selbst auf diese Weise am Leben. Kommunikationsabbruch dagegen „tötet" das System (nicht die Menschen, notabene). Der Beitrag der involvierten Personen ist dabei, diesen Prozess überhaupt erst zu ermöglichen, ohne Personen keine Kommunikation. Gleichzeitig ist aber zu bedenken, dass die sich aufeinander beziehenden Kommunikationen gewissermaßen von der Ebene der Personen und ihrer Intentionen „abheben" und eine Eigendynamik entwickeln. Schon das relativ einfache Phänomen des Missverstehens, das Auseinanderfallen von Absicht und Wirkung, zeigt, dass das Ensemble der Kommunikationen etwas anderes ist als das Ensemble der Personen. Wenn wir in den folgenden Ausführungen dennoch angepasst an den alltäglichen Sprachgebrauch von Teams sprechen, die sich aus Personen zusammensetzen, dann ist mitzudenken, dass der Perspektivenwechsel in der Sicht auf Teams als Kommunikationssysteme enthalten ist.

2.2 Von der Interaktion zum sozialen System

Die Unsicherheit einer ersten Begegnung

Bevor die Besonderheit sozialer Systeme unter die Lupe genommen wird, wenden wir uns zunächst einer Kommunikationsbeziehung zweier Personen zu, einem Kernelement komplexerer Konstellationen.

Betrachten wir dazu eine Situation, wie sie sich in ähnlicher Form häufig auf Empfängen ereignet: Herr Superscheu steht zufällig neben Frau Traumichnicht. Beide begegnen einander zum ersten Mal und haben noch nie zuvor etwas miteinander zu tun gehabt. Keiner der beiden ist in ein anderes Gespräch verwickelt und die Umstände legen es nahe, in Kontakt zu treten. Es ist nachvollziehbar, dass eine solche Situation für beide etwas unangenehm ist, da noch keiner der beiden den anderen einschätzen kann. „Wie wird diese Frau wohl auf eine Ansprache von mir reagieren? Wird sie sich bedrängt fühlen? Was kann ich überhaupt zu ihr sagen, ohne dass es peinlich wird?", denkt sich vielleicht Herr Superscheu. „Eigentlich ist mir langweilig, aber ist der Herr da neben mir einer, mit dem ich die nächste Zeit verbringen möchte?", könnten die Gedanken von Frau Traumichnicht sein. Das Phänomen, das sich hier verunsichernd auswirkt, nennt man „Kontingenz". Es bezeichnet eine Situation, in der das Gegenüber in einer bestimmten Weise, aber auch ganz anders reagieren kann. Beide potenziellen Gesprächspartner, Herr Superscheu und Frau Traumichnicht, sind diesem Phänomen ausgesetzt (die Systemtheorie spricht hier von „doppelter Kontingenz"). Würden beide ihr Verhalten von der Reaktion der anderen Person abhängig machen, käme keine Kommunikation zu Stande. Eine der beiden Personen muss die Initiative ergreifen. Sie wissen so gut wie nichts voneinander, die Situation legt nahe, in Kontakt zu treten, aber die Reaktion des Gegenübers ist absolut nicht vorhersehbar. Diese Unsicherheit treibt die Anspannung der beiden in die Höhe. Jede noch so kleine Regung wird betrachtet, Kleidung, Körperhaltung analysiert. So fällt etwa Frau Traumichnicht auf, dass Herr Superscheu wie gebannt auf einen 15 Meter hohen Wasserfall im Gebäudeinneren blickt und plötzlich fragt sie ihn: „Finden Sie diesen modernen Veranstaltungssaal auch so beeindruckend?" Sein Verhalten lässt sie vermuten, dass er auf die Frage positiv reagieren wird und dies ist Indiz genug, dass sie einen Schritt wagt, um ein Gespräch zu beginnen. Herr Superscheu ist gelöst. Durch die Frage erfährt er von Frau Traumichnicht zahlreiche Aspekte. Sie spricht seine Sprache, ist durchaus bereit zu kommunizieren und ihr gefällt diese moderne Architektur. Er antwortet sofort: „Ja, ich bin wirklich beeindruckt. So etwas Ähnliches habe ich bis jetzt nur in einem Bürogebäude in Kopenhagen gesehen." Nun weiß auch Frau Traumichnicht, dass Herr Superscheu ihr Interesse teilt, zumindest einmal schon in Kopenhagen war, und vor allem, dass er auch an einem Gespräch interessiert ist. Die Konversation weitet sich aus. Sie plaudern über Reisen, Architektur, die Veranstaltung und so weiter.

Die doppelte Kontingenz der Situation hat dazu geführt, dass aus einem Zufall ein Gespräch wurde. Hätte Herr Superscheu nicht den Wasserfall bewundert, hätte Frau Traumichnicht vielleicht nicht den Mut gehabt, ihn anzusprechen und die Kommunikation wäre nie zu Stande gekommen. Angesichts der großen Unsicherheit in Hinblick auf die Reaktion des anderen können Kleinigkeiten ausschlaggebend dafür sein, ob es zu einer Kommunikation kommt oder nicht.

Je länger das Gespräch andauert, desto mehr wissen die beiden voneinander. Das Gegenüber wird immer besser einschätzbar und die Themen werden tiefer. Dies bringt für jeden Beteiligten zwei Vorteile. Erstens ist die unangenehme Situation vor Beginn der Konversation überwunden und solange sie miteinander plaudern, stellt sich dieses Problem nicht mehr. Zweitens besteht die Chance, im Gespräch etwas zu erfahren, das auch für die Zukunft nützlich sein könnte und es nahe legt, die Kommunikation über das initiale Treffen hinausgehend fortzusetzen.

Gegenseitige Erwartungshaltungen — Stabilisierung

Bleiben wir noch etwas bei Herrn Superscheu und Frau Traumichnicht. In ihrem Gespräch tauschen sie nicht nur Fakten aus, sondern übermitteln Aspekte ihrer Persönlichkeit durch die Wahl der Inhalte, Form der Gesprächsführung, Rücksichtnahme auf den anderen, sodass bereits bei der lockeren Plauderei implizit Regeln entstehen, wie die Kommunikation erfolgt. So wird Frau Traumichnicht nach einiger Zeit erwarten können, dass sie nicht von Herrn Superscheu angepöbelt oder beleidigt wird, da er sehr rücksichtsvoll und höflich in seiner Ausdrucksweise ist. Sie kann annehmen, dass mit jeder Antwort, die sie gibt, und mit jeder Frage, die sie stellt, das Gespräch in einer für sie angenehmen Form fortgesetzt wird. Ähnliches gilt auch für Herrn Superscheu.

Sie haben im Zuge des Gesprächs „gelernt", dass auf eine Handlung ihrerseits (d. h. eine zu dem gewonnenen Bild des Gegenübers passende Frage oder Aussage) eine Anschlusshandlung folgt, die eine Weiterführung ermöglicht. Das Verhalten des Gesprächspartners wurde dabei in einer gewissen Weise erwartbar. Dies ist die Basis für die Stabilisierung einer sozialen Begegnung (vgl. Goffman 1986). Würde Herr Superscheu wider Erwarten einen Ton anschlagen, der bei Frau Traumichnicht auf Missfallen stößt, so wäre ihre Erwartung enttäuscht und die Kommunikation beziehungsweise überhaupt die Beziehung der beiden fände wohl ein jähes Ende. Halten sich beide an die bereits etablierten Regeln, so wird das Gespräch vermutlich länger andauern.

Bemerkenswert dabei ist, dass diese Regeln nicht „vereinbart" werden, indem man sich vorher Gedanken darüber macht und dann verhandelt, welche Regeln man gerne hätte. Soziale Phänomene dieser Art sind „emergent", d. h., sie entstehen gewissermaßen absichtslos, jedenfalls ohne einen verborgenen Masterplan (s. dazu Krohn & Küppers 1992). Die Erwartbarkeit des Verhaltens einer anderen Person ist die Grundlage jeder sozialen Bindung. Sie entsteht als Emergenz aus den jeweils abgelaufenen Interaktionen, verbunden mit einem Schuss Hoffnung auf eine Zukunft, deren genaue Erscheinungsform in der Vorstellung sich mit jeder neuen Interaktion bestätigt oder umformt, jedenfalls konkretisiert. Irgendwann steigt man dann aus dieser ständigen Neuformung einer bestimmten Beziehungssituation aus, fixiert ein bestimmtes Bild und hält die Dinge für gegeben. Damit reduziert man die Freiheitsgrade des Beziehungsspiels, was den Beteiligten nicht unbedingt zum Vorteil gereicht. Zwar meint man, sich auszukennen, zugleich beginnt hier aber jener Erstarrungsprozess, der in vielen Beziehungen, insbesondere den „Zweierbeziehungen", irgendwann zum Problem werden kann. Aber so weit sind Frau Traumichnicht und Herr Superschlau noch nicht.

Die emergente Balance wechselseitiger Erwartungen ist im praktischen Sinn nützlich. Die eigenen Absichten lassen sich besser verfolgen, wenn man sich an vorausgehenden Handlungen anderer orientieren kann. Dazu ist es nicht unbedingt notwendig, dass die Interaktionspartner hinter denselben Zielen her sind wie man selbst. Im Fall von Frau Traumichnicht und Herrn Superscheu kann es sich durchaus um dasselbe Anliegen handeln, einen netten Abend zu verbringen und nicht alleine herumstehen zu müssen. Es könnte aber auch sein, dass Frau Traumichnicht Kunden und Vertreter für ihre neu entworfenen Design-Sofas sucht und Herr Superscheu die Gelegenheit nutzt, um sich Dritten gegenüber in Gesellschaft einer netten Frau zeigen zu können. Beide wissen mitunter über die Motive des anderen gar nicht Bescheid und verfolgen zumindest in diesem Fall unterschiedliche Ziele. Solange sie aber eine Chance sehen, diese durch das Gespräch zu erreichen, werden sie es mit hoher Wahrscheinlichkeit weiter fortführen.

Eine Handlung, durch deren Ausführung ein bestimmtes Ziel erreicht wird, kann man mit Weick (1995, S. 144ff) als „vollendende Handlung" bezeichnen. Falls aber eine andere Person etwas tun muss, damit diese vollendete Handlung erst möglich wird, spricht man von einer „instrumentellen Handlung", die die andere Person auszuführen hat.

Um dies zu erläutern, verlassen wir Frau Traumichnicht und Herrn Superscheu und wenden uns einem Straßenmusiker zu, der vor einem Gasthof aufspielt und so für regen Kundenzustrom sorgt. Der Wirt findet seine Erfüllung in der Bewirtung der Gäste. Ohne den Musikanten, so weiß er, würden wohl nur wenige sein Lokal finden. Daher lädt er ihn am Abend auf ein üppiges Mahl ein, in der Erwartung, dass dieser am nächsten Tag wieder vor seinem Gasthaus spielt. Die Einladung des Musikers und sein Spiel sind instrumentelle Handlungen, die Freude an der Bewirtung der Gäste ist die vollendende Handlung, die den Wirt sein Ziel erreichen lässt. Umgekehrt wird sich wohl auch der Musiker am nächsten Tag vor dem Wirtshaus platzieren, da er erwarten kann, dass ihm seine instrumentelle Handlung (im wahrsten Sinne des Wortes) eine Einladung zu einem Abendessen einbringt, welches er selbst genießen kann (vollendende Handlung für den Musiker).

Abbildung 2.1 Wechselseitige Äquivalenzstruktur: Wirt und Musiker

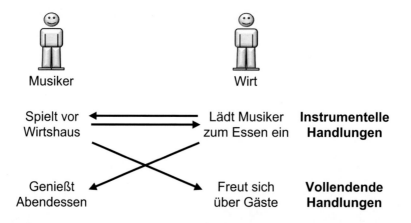

Diese Konstellation ist in **Abbildung 2.1** abgebildet. Man spricht hier von einer wechselseitigen „Äquivalenzstruktur" (Weick), in der beide Akteure davon abhängig sind, dass der jeweils andere eine instrumentelle Handlung tätigt, bevor sie selbst eine vollendende

Handlung ausführen können. Das Besondere an wechselseitigen Äquivalenzstrukturen liegt darin, dass sie reproduzierbare Abläufe sind, die einen Nutzen für die Beteiligten generieren. Dies ist die wesentliche Grundlage dafür, warum „Gesellschaft" überhaupt funktionieren kann.

Prinzipiell wären Menschen ab einem gewissen Lebensalter, auf sich alleine gestellt, in der Lage, ihr Leben zu bestreiten. Sie können selbst ihre Nahrung zubereiten, eine Behausung errichten und den Nachwuchs großziehen. Allerdings – und das wussten schon unsere Vorfahren in der Urzeit – ist mehr erreichbar, wenn man sich gewissen Herausforderungen gemeinsam stellt und sich die Arbeit teilt. Ein Mammut zu erlegen ist für eine einzelne Person vermutlich ein nicht unproblematisches Unterfangen. Gemeinsam gelingt dies deutlich leichter, wenn etwa die Flinkeren unter den Stammesangehörigen das Tier anlocken und die Stärkeren sich darauf konzentrieren, es zu Fall zu bringen. Da Menschen lernfähig sind, bringen sie wiederholte Tätigkeiten immer besser zu Wege und es ist demnach naheliegend, dass immer dieselben das Anlocken übernehmen, sodass sich Spezialisierungen und Funktionsteilungen herausbilden. Nach ein paar erlegten Mammuts haben die Jäger ein Gefühl für deren Bewegungsabläufe, Wendigkeit und auch gelernt, wie sie sich selbst am besten zu verhalten haben.

Das entsprechend diesem Grundmuster in vielen Bereichen gesteigerte Leistungspotenzial hob aber auch den Standard der Gesellschaft. Warum immer Beeren und Pilze sammeln, wenn mit einem Mammut ein ganzes Dorf ernährt werden kann? Derartige Entwicklungen fanden in unterschiedlichsten Disziplinen statt. Obwohl wir heute vermutlich noch in der Lage wären, selbst für Nahrung zu sorgen, haben sich einige Menschen genau darauf spezialisiert und erbringen diese Leistung in einer Form, die andere nicht an den Tag legen könnten. Nachdem sie dies nicht nur für sich selbst tun, ist es nicht zwingend erforderlich, zwischen zwei Besprechungen in der Mittagspause schnell mal einen Hasen zu jagen, um ihn später zu braten. Die Arbeitsteilung beziehungsweise Spezialisierung hat dazu geführt, dass bessere Ergebnisse hervorgebracht werden.

Sie hat jedoch auch eine große Abhängigkeit der Menschen untereinander zur Folge. Wenn eine Person perfekt kocht und sich nur darauf konzentriert, so benötigt sie jemanden, der ihr hoffentlich ebenso perfekt eine Unterkunft errichtet und wieder einen anderen, der den Nachwuchs ausbildet und so weiter. Mehr denn je sind wir in allen unseren Tätigkeiten davon abhängig, dass andere Personen ebenso erwartbare Handlungen erbringen. Wir vertrauen darauf, dass Wasser aus der Leitung kommt, wenn wir uns morgens das Gesicht waschen wollen, dass die Zeitung im Postkasten liegt, die Kaffeemaschine mit Strom versorgt wird, um ihren Dienst zu verrichten, dass der Bus um 8:27 Uhr an der Straßenecke vorbeikommt und so weiter und so fort, bis wir spät abends noch von jemandem unterhalten werden, der sich auf Unterhaltungsprogramme im Fernsehen spezialisiert hat.

In diesem Zusammenhang leistet auch Geld erstaunliche Dienste. Mit ihm wurde es möglich, instrumentelle Handlungen auszutauschen und sie so zu abstrahieren. Ein Koch erhält für seine Tätigkeit eine Bezahlung. Beides sind instrumentelle Handlungen, die aber durch die Abstraktion in Form von Geld dazu führen, dass er selbst weitestgehend bestimmen kann, welche vollendende Handlung damit ausgelöst werden kann. So hat er die Möglichkeit, sich Kleidung, ein Auto oder eine Wohnung zuzulegen, ohne dass er selbst diese Dinge herstellen muss.

Der Clou bei wechselseitigen Äquivalenzstrukturen ist der Umstand, dass sie *reproduzierbar* sind. Damit schaffen sie stabile Grundmuster zwischenmenschlicher Interaktion. Man kann sich mit hoher Wahrscheinlichkeit darauf verlassen, dass sie infolge eines auslösenden Ereignisses durchlaufen werden und auf diese Weise lassen sich ganze Ketten von Einzelhandlungen kombinieren, die wiederum reproduzierbar sind und neue Standards schaffen. Die Konsequenz sehen wir täglich vor uns in Form einer massiven Komplexität in den Strukturen unserer Gesellschaft, aber auch in deren Erzeugnissen, eine Komplexität, die weiterhin zunehmen wird. Die Standards einer hoch entwickelten Gesellschaft haben zur Konsequenz, dass ein einzelner Mensch gar nicht mehr in der Lage sein kann, alle Tätigkeiten auf dem allgemein bekannten Niveau selbst zu verrichten. Er ist gezwungen, sich zu spezialisieren, in diesem Kontext gewisse Handlungen auszuführen und darüber hinaus die Leistungen anderer in Anspruch zu nehmen. Das funktioniert aber nur dann, wenn man sich darauf verlassen kann, dass diese tatsächlich auch erbracht werden. Jedes Mitglied schränkt sich dahingehend selbst ein, wenn es erwartungsgemäß handelt, und das ist die Grundlage für eine funktionierende Gesellschaft.

Damit hat die Arbeitsteilung, die zwingender Bestandteil einer hoch entwickelten Gesellschaft ist (s. dazu Durkheim 1992, orig. 1930), dazu geführt, dass Personen voneinander abhängig werden und sich daher selbst in ihrer Handlungsfreiheit einschränken. So lässt sich in Bezug auf die Vorhersehbarkeit in den Interaktionen festhalten:

> Die Arbeitsteilung, auf der moderne Gesellschaften aufbauen, macht Menschen in ihren Handlungen vorhersehbar. Eine Kenntnis der Abhängigkeiten erhöht die Chance einer Vorhersehbarkeit.

Netzwerke als Kombination vieler Interaktionsbeziehungen

Die Abhängigkeit der Menschen voneinander führt dazu, dass jeder einzelne Mensch zahlreiche Verbindungen zu anderen Personen hat und damit ergibt sich ein dichtes Netz an Verflechtungen. Eine Folge unserer ausdifferenzierten Gesellschaft ist daher auch der Umstand, dass Netzwerke einen immer wichtigeren Stellenwert einnehmen. Jemand, der mit vielen Leuten verknüpft ist, kann auch auf eine breite Palette von instrumentellen Handlungen zurückgreifen, um seine eigenen Ziele zu verwirklichen.

Betrachten wir in diesem Zusammenhang Herrn Crawler, seines Zeichens Vertriebsleiter eines Softwareunternehmens und begnadeter „Networker". Er kennt vom Barkeeper um die Ecke bis zu den Geschäftsführern der Top-Unternehmen jeden in seinem „Revier". Um sein Ziel zu erreichen und Software zu verkaufen, hat er eine Besprechung mit dem IT-Leiter eines größeren Speditionsunternehmens bei seinem Stamm-Italiener. Noch am Abend desselben Tages trifft er sich mit Herrn Pilatus, dem Direktor der größten Bank des

Ortes, in der Bar seines Bekannten, verbringt mit ihm einen netten Abend und das Geschäft ist geritzt. Herr Pilatus sorgt für die Finanzierung des Spediteurs und Herr Crawler kann einen weiteren Vertriebserfolg für seine Logistiksoftware verbuchen. Damit dies so reibungslos läuft, hatte Herr Crawler jedoch viel Vorarbeit zu leisten. Wie bereits dargestellt, können Verknüpfungen nicht aus dem Nichts aktiviert werden. Erst wenn die Handlungen des Gegenübers einschätzbar und vorhersehbar werden, kann man sich darauf stützen. Das kann in einer etwas langwierigeren Form mittels eines Vertrages geregelt werden oder man kennt einander, wie es bei Herrn Crawler der Fall ist, und weiß, dass einen der andere nicht über's Ohr haut. Hierzu musste er jedoch viele Stunden mit all seinen „Netzwerkkollegen" verbringen, damit er für sie einschätzbar wurde. Darüber hinaus funktioniert eine wechselseitige Äquivalenzstruktur eben auch nur wechselseitig. Bankdirektor Pilatus wird Herrn Crawler wahrscheinlich nicht bei der Finanzierung des Spediteurs helfen, wenn er damit ein Verlustgeschäft eingeht und auch sonst keinerlei Nutzen daraus zieht. Vielmehr wird er davon ausgehen, entweder unmittelbar durch einen gewinnbringenden Auftrag oder zeitversetzt durch einen Gefallen, den ihm Herr Crawler nun schuldet, auch auf seine Rechnung zu kommen. Das muss nicht immer finanzieller Natur sein. Ein gemeinsames Golfspiel am Nachmittag, ein Segeltörn oder einfach ein gutes Gefühl, einem Freund geholfen zu haben, können durchaus die nötige „Entschädigung" sein. Der Einsatz von Herrn Crawler war Zeit, um Vertrauen aufzubauen und in seinem Verhalten vorhersehbar zu werden, also wiederum freiwillig seine Handlungsfreiheit einzuschränken. Nachdem er aber ebenso mit anderen Personen verknüpft ist, hat dies wiederum auch Auswirkungen auf diese. So muss seine Frau vielleicht ertragen, dass er die Wochenenden am Golfplatz verbringt und bis spät in die Nacht mit Geschäftsfreunden die Bars unsicher macht. Die Beziehung wird so lange aufrecht bleiben, solange auch die Gattin einen Nutzen aus diesen Aktionen zieht. Das kann ein luxuriöser Lebensstil ebenso sein wie Stolz oder die Hoffnung, den Kindern später die bestmögliche Ausbildung bieten zu können. Der hier beschriebene Ausschnitt von Herrn Crawlers Netzwerk ist in **Abbildung 2.2** skizziert. Zudem sind punktiert jene Verbindungen dargestellt, die durch einen Beitrag Herrn Crawlers zu Stande gekommen sind.

Das Beispiel zeigt eindrücklich, dass Netzwerke hoch dynamische Gebilde sind und den Akteuren einiges abverlangen, um bestehen zu können. Bestechend ist der Aufbau neuer Verbindungen etwa zwischen dem Spediteur und dem Banker. Die Vertrauensbeziehung zu Herrn Crawler wird gleichermaßen auf die Spediteur-Banker-Beziehung übertragen und erleichtert so das Zustandekommen einer weiteren Verknüpfung, denn: „Der Geschäftsfreund würde wohl nie einen unseriösen Partner empfehlen.", so die implizite Annahme des Spediteurs, der sich deshalb mit Herrn Pilatus einlässt, ohne alle Eventualitäten mit seinen Rechtsanwälten zu prüfen. Die Erwartbarkeit der Handlung überträgt sich zumindest in abgeschwächter Form auf eine neue Interaktionsbeziehung und erleichtert so deren Zustandekommen.

Betrachtet man das Netzwerk, so wird man feststellen, dass Herr Crawler einen direkten oder indirekten Nutzen aus jeder Verbindung ziehen kann. Jede einzelne Beziehung für sich macht Sinn und ist es aus Sicht des Akteurs wert, seine Handlungsfreiheit (Reduktion beliebig vieler Optionen zu Gunsten entstehender bestimmter Erwartungen) einzuschränken. Dies ist die Grundlage eines Netzwerks. Der mögliche Nutzen für die Beteiligten steht im Vordergrund. Daher ist bei einem Netzwerk auch selten eine klare Grenze erkennbar, die definieren würde, wo es beginnt und wo es aufhört. Denn ergibt sich die Gelegenheit, aus einer weiteren Verbindung einen persönlichen Vorteil zu erwirken, wird diese wohl ebenso aufgebaut und aufrechterhalten werden. Auf diese Weise weitet sich das Netzwerk aus und wird zunehmend dichter. Es existiert, um den Akteuren einen Nutzen zu bringen, hat aber keinen Selbstzweck. Im Vordergrund stehen die individuellen Interessen der Personen, nicht des Gebildes (was Netzwerke grundsätzlich von Organisationen unterscheidet).

Abbildung 2.2 Der Netzwerker

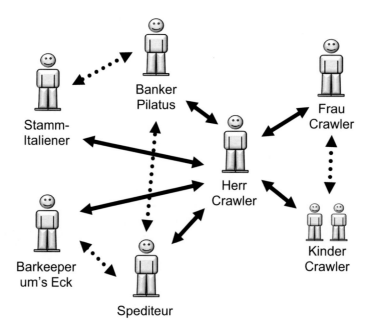

Die Gefahr dabei ist aber, dass aufgrund zu vieler Interaktionsbeziehungen die Einschränkung der Handlungsfreiheit zu groß wird und damit vitale Aktionen nicht mehr ausgeführt werden können. Eine Folge daraus wäre mitunter, dass andere Interaktionspartner keinen Nutzen in der Verbindung mehr sehen und daher auch nicht mehr bereit sind, dafür ihre eigene Freiheit einzuschränken. Bei Herrn Crawler könnte dies der Fall sein, wenn ihn seine Frau aufgrund seiner vielen geschäftlichen Termine so gut wie nicht mehr daheim vorfindet, ihren Unterhalt aber selbst bestreiten könnte und die Kinder alt genug sind, für sich selbst zu sorgen. Wenn sie keinen Sinn in der Beziehung sieht, ist die Wahrscheinlichkeit hoch, dass sie diese ihrerseits beendet.

Potenziell könnte jede Person mit jeder eine Interaktionsbeziehung eingehen. Der hierfür erforderliche Aufwand und die damit verbundene Einschränkung der eigenen Handlungsfreiheit wirken dem jedoch entgegen. Aufgrund der limitierten Kapazität von Menschen und der Unvereinbarkeit gewisser Verbindungen sind diese gezwungen, die Anzahl der Interaktionsbeziehungen zu begrenzen. Sie müssen für sich wählen, welche sie aufrechterhalten und welche nicht. Dies ist auch der Grund, warum nur solche beibehalten werden, die dem betroffenen Akteur sinnvoll erscheinen. Aufgrund der Limitierung der Kapazität, Beziehungen einzugehen, ist er aber zur Selektion gezwungen und wählt jene, die ihm den größten Nutzen versprechen. Damit sind die zahlreichen Netzwerke nicht Verknüpfungen von jedem mit jedem, sondern bilden spezifische Muster. Es ist nicht die bloße Menge an Interaktionen, die den Wert eines Netzwerks ausmacht, sondern vielmehr dessen Struktur, die eben nicht zufällig und hoch unwahrscheinlich als eine von unzähligen Möglichkeiten dessen Charakter determiniert.

In Hinblick auf Vorhersehbarkeit von Interaktionen kann aus der Betrachtung von Netzwerken abgeleitet werden:

> Die limitierte Kapazität der Akteure schränkt die Anzahl der Interaktionsbeziehungen ein, die sie einzugehen im Stande sind, und zwingt sie zur Selektion. Eine Kenntnis der jeweiligen Motivatoren erhöht die Chance einer Vorhersehbarkeit.

Soziale Systeme als eigenständige Einheiten

Die Natur sozialer Systeme ist, wenn man soziale Netzwerke und Organisationen vergleicht, unterschiedlich. Die Personen-Personen-Beziehungen, auf der soziale Netzwerke aufbauen, bringen es mit sich, dass diese Konstellationen ebenso rasch zerfallen können wie sie gebildet werden. Es hält sie kein äußerer Zwang zusammen, wie dies in Organisationen der Fall ist. Sie basieren auf der Interaktion zwischen Individuen, und wenn diese keinen Nutzen mehr darin sehen, wird sich die Verbindung auflösen. Um beim Beispiel von Herrn Crawler zu bleiben, könnte etwa Banker Pilatus in den Ruhestand gehen und sich seinen Enkelkindern widmen. Sofern die Interaktion zwischen den beiden rein geschäftlich motiviert war und nicht ein „freundschaftlicher Nutzen" deren Weiterführung sinnvoll erscheinen lässt, ist anzunehmen, dass sie ab diesem Zeitpunkt beendet ist. Herr Crawler hat damit jedoch ein Problem, da ihm der Partner fehlt, von dem er eine instrumentelle Handlung (Finanzierung für seine potenziellen Kunden) erwarten könnte. Zum Glück gibt es da noch die Bank, bei der Herr Pilatus beschäftigt war. Das Unternehmen als System hat vermutlich nach wie vor Interesse daran, Kredite zu vergeben, und wird die Beziehung zu Herrn Crawler durch einen anderen Repräsentanten weiterführen. Die Existenz des organisatorischen Zusammenhangs sichert sozusagen die Erbringung von Leistungen, selbst wenn sich persönliche Netzwerk-Kontakte auflösen.

Was macht nun eine Organisation im Vergleich zu einem Netzwerk aus? Im Unterschied zu Interaktionsbeziehungen einzelner Personen, die für die Akteure einen Nutzen bringen, verfolgt das System *als Ganzes* einen bestimmten *Sinn*, dem die Handlungen der Akteure untergeordnet sind. Der Sinn des Golfclubs, dem Herr Crawler angehört, könnte etwa (sofern der Club nicht schwer in den roten Zahlen ist) der eigene Fortbestand sein, um den Mitgliedern am Wochenende Erholung und Unterhaltung in Form von Golfturnieren zu bieten. Wenn Herr Crawler Zerstreuung sucht, ist er nicht mehr darauf angewiesen, dass Banker Pilatus ebenso Zeit findet und sich diese auch für ein Golfspiel mit Herrn Crawler nehmen möchte. Die wöchentlichen Turniere im Club geben ihm die Sicherheit, nicht alleine auf dem Platz zu stehen. Interaktionsbeziehungen zwischen den Personen sind auch hier gegeben. Allerdings treten diese etwas in den Hintergrund und es bildet sich ein Nutzen aus dem Zusammenwirken aller Beteiligten aus. Der Golfclub wirkt als Gesamtheit, die Herrn Crawler das Ausführen vollendender Handlungen (wöchentliche Zerstreuung in Form eines Golfturniers) ermöglicht. Hierzu tragen viele Personen etwas bei: der Greenkeeper, der für einen gepflegten Platz sorgt, die Kellnerin im Clubrestaurant, der Trainer, die Mitglieder, die zum Turnier antreten und so weiter. Durch ihr Wirken stellen sie sicher, dass der Club fortbesteht.

Es rückt damit die Beziehung zwischen Individuum und System in den Vordergrund, die Nutzen stiftet. Dieser kann für jedes Mitglied unterschiedlich sein. Für den Greenkeeper oder die Kellnerin mag es die Entlohnung sein, für Herrn Crawler die Unterhaltung oder die potenziellen Geschäftskontakte. Dennoch sind sie dahingehend alle von der Existenz des Golfclubs abhängig und werden ihre Handlungen so ausrichten, dass er seinen Zweck weiter erfüllen kann. Wiederum schränken sie ihre Handlungsfreiheit ein, um dem Systemsinn Rechnung zu tragen. Der Greenkeeper wird täglich für einen gepflegten Rasen sorgen, egal, welche Person sein Gehalt bezahlt. Er kann sich sicher sein, dass „der Club" für die Entlohnung seiner Leistung sorgt. Umgekehrt wird er daher auch seine Arbeit erledigen, unabhängig davon, wer als Nächster auf dem Platz steht, um ein Turnier zu spielen. Mitunter kennt er die jeweiligen Personen gar nicht.

Das Beispiel zeigt mehrere Aspekte auf, die eine Interaktionsbeziehung zwischen zwei Individuen nicht mehr bieten kann. Netzwerke sind sozusagen Proto-Organisationen. Wenn sie genügend Stabilität erreichen, erfolgt der Schritt in die Organisationsbildung. Willke spricht hier von einem „Quasi-System" (Willke 2000, S. 70): *„Im Vordergrund stehen die Identitäten der Beteiligten, nicht aber eine (emergente) Systemidentität."* Diese entsteht mit einem in verschiedener Hinsicht höheren Verbindlichkeitsgrad. Sein Zustandekommen verdankt er der Notwendigkeit, bestimmte Abstraktionsbeziehungen zu ordnen und zu organisieren (Luhmann 1975; zur Bewältigung von Abstraktheit siehe auch Claessens 1980). Dazu zählen Ausweitungen über mehr als zwei Personen hinweg, Erweiterung des Zeithorizonts im Sinne einer längerfristigen Erwartbarkeit der Interaktion sowie die Handlungsfähigkeit des Systems als Einheit. Dies findet auch seine Entsprechung im Rechtssystem, das Organisationen als „juristische Personen" definiert. Auf diese Weise gelingt es, sie in ihrem gesamtheitlichen Wirken anzuerkennen und gegebenenfalls zur Rechenschaft zu ziehen.

Die einem sozialen System zu Grunde liegenden Verbindungen mit seinen Mitgliedern sind vom Prinzip her identisch mit den bereits erläuterten wechselseitigen Äquivalenzstrukturen. Allerdings sind es nun Systemfunktionen, die den Beteiligten vollendende

Handlungen ermöglichen. Damit kommt ein neuer Verbindungstyp ins Spiel, der über die rein zwischenmenschliche Ebene hinausgeht. Sobald von einem sozialen System mit einem spezifischen Sinn die Rede ist, führt dies auch zu Beziehungen zwischen dem System in seiner gesamthaften Wirkung und seinen Mitgliedern. Diese erbringen ihrerseits instrumentelle Handlungen für das System, welches, verkörpert durch seine Mitglieder, ebenfalls vollendende Handlungen ausführt. Damit stabilisiert sich die Interaktionsbeziehung Individuum-System.

Die Herausforderungen, die mit der Ausbildung solcher Strukturen einhergehen, lassen sich bei der Entwicklung von Teams im Zeitverlauf gut beobachten. Eine in der Praxis sehr nützliche Unterteilung der Entwicklungssequenz von Gruppen in die Phasen Forming, Storming, Norming und Performing findet sich bei Tuckman (1965). Da heutzutage Projektteams oft auf dem Reißbrett entworfen werden, empfiehlt es sich, das Modell nach dem Forming, das oft hinter der Bühne stattfindet, um eine „Kennenlern- und Abtastphase" (Warming) zu ergänzen (Krainz 1995, S. 214).

Nachdem eine Gruppe zusammengestellt wurde („Forming"-Phase), geht es anfangs mangels einer gemeinsamen Systemidentität vor allem um zwischenmenschliche Interaktionen, in denen sich die Mitglieder einander annähern und kennenlernen („Warming"-Phase). Im Vordergrund stehen die beteiligten Individuen und deren jeweilige Hintergründe. Sukzessive bilden sich aus diesen Abstimmungen erste Strukturen aus. Sobald aber die Konstellation als Ganzes wirksam wird, treten neue Einschränkungen der individuellen Freiheit zu Tage, welche durch die Beziehung der Mitglieder zum System und die damit verbundene Rolle beziehungsweise Aufgaben bedingt sind. Dazu eine historische Bemerkung: Besonders diese letztere Dimension – die Einschränkung von Handlungsfreiheit durch Systemrestriktionen, die im Allgemeinen durch die in einer Organisation festgelegten Regeln gegeben sind –, ist bei Tuckman nicht systematisch herausgearbeitet. Der Grund dafür lag in der Zeit, als dieses Modell entstand. Das Potenzial von Gruppen wurde zunehmend erkannt, daher war man daran interessiert, wie Gruppen funktionieren und wie man sie steuern kann. Also wurden Gruppen hinsichtlich ihrer inneren Entwicklung thematisiert, allerdings wurde der organisatorische Kontext, der diesen Gruppen erst den Existenzsinn verleiht, weitgehend ausgeblendet.

Interessant wirkt sich in diesem Prozess auch die Tatsache aus, dass Personen durchaus Mitglieder mehrerer Systeme sein können, denen sie ebenso in ihren Handlungen verpflichtet sind. Der „Klassiker" ist hier die Trennung der Lebensbereiche in ein Berufs- und ein Privatleben. Aufgrund ihrer Mehrfachzugehörigkeit „importieren" sie in einen gegebenen Kontext Einschränkungen, die aus anderen Gruppen stammen. In der Praxis widersprechen sich Systeme, denen Personen in ihrem Agieren Rechnung tragen wollen, häufig. Dies ist auch naheliegend, da soziale Systeme definitionsgemäß einen individuellen Sinn für sich beanspruchen und demnach auch eine Handlung nur schwer mehreren Systemen gleichermaßen entsprechen kann. Zielkonflikte sind daher bei Mehrfachzugehörigkeiten vorprogrammiert. Um das auszugleichen, muss der Betroffene den Widerspruch für sich selbst bearbeiten (was nicht immer möglich ist, wenn etwa Herrn Crawlers Frau meint: „Entweder die Arbeit oder ich!") oder versuchen, sein Wirken in den Systemen so zu gestalten, dass die Widersprüche möglichst in Balance gehalten werden und dadurch vielleicht nicht dramatisch zum Tragen kommen.

Es liegt auf der Hand, dass bei dem Versuch, die Teamziele mit den eigenen in Einklang zu bringen, Schwierigkeiten fast unvermeidbar sind. Nachdem jede Modifikation der Aufgaben im Team auch Auswirkungen auf das System und damit auf andere Mitglieder hat, verläuft diese Phase nur selten völlig konfliktfrei („Storming"-Phase). Der große Nutzen dieses Prozesses ist die kollektive Bearbeitung der Komplexität aus Aufgabenstellung (Systemsinn), Kompetenzen im Team und struktureller Passung. Eine Person alleine könnte dies selten koordinieren. Das Resultat dieser gemeinsamen und oft nicht friktionsfreien Anstrengung („Norming"-Phase) sind mit hoher Wahrscheinlichkeit Vereinbarungen, Regeln und Strukturen, die einen akzeptablen Ausgleich und eine Balance aus individuellen Zielen, Teamzielen und Organisationszielen erlauben. Erst wenn diese Balance hergestellt ist, kann ein Team entsprechende Leistungen erbringen („Performing"-Phase).

Von den Mitgliedern eines Systems, das seine Rollen und Strukturen erfolgreich etabliert hat, darf erwartet werden, dass sie sich dem Systemsinn entsprechend verhalten. Da dieser, wie bereits erläutert, ein System als solches von seiner Umwelt abhebt, kann die Konstellation nun auch von anderen Gruppierungen unterschieden werden. Damit ist die Grenze aber nicht von vornherein existent, sondern bildet sich in der Realität erst mit der Systemidentität aus. Die Grenzziehung wird dann aber sehr schnell immer schärfer, da innerhalb des Systems Optimierungsprozesse laufen, um die Strukturen und Kommunikationsoperationen bestmöglich in Hinblick auf den Systemsinn ausrichten. Dazu erhöht sich die interne Anzahl an Interaktionsbeziehungen, die Binnenkomplexität steigt und hebt sich von der Umweltstruktur ab, weshalb man auch von Komplexitätsdifferenz spricht. In realen sozialen Systemen zeigt sich dies durch steigende Vertrautheit der Gruppenmitglieder untereinander. Es wird *„das Gruppeneigene vertrauter, das Gruppenäußere fremder"* (Lackner 2008, S. 87). Die Zugehörigkeit zu einer Gruppe hat daher einen Doppelcharakter. Formal-organisatorisch ist die Frage schnell geklärt: Zugehörigkeit ist eine Entweder-oder-Angelegenheit. Im Verhältnis zum Systemsinn ist Zugehörigkeit weniger eindeutig. Abgesehen davon, dass man mehr oder weniger im Sinne der Gruppenziele mitspielen kann, gibt es auch viel Scheinhaftes; manchmal erfüllt man sogar den Systemsinn besser, wenn man gegen den Strom schwimmt. Hier Klarheit zu erzeugen, macht viel interne Kommunikation notwendig.

Um die vitalen Systemleistungen zu erfüllen, benötigt jedes soziale System eine minimale Anzahl an Mitgliedern mit bestimmten Fähigkeiten. Umgekehrt ist die Gruppengröße aber auch nach oben hin begrenzt. Gründe hierfür können limitierte Ressourcen oder Komplexitätsgrenzen sein, denn je mehr Mitglieder einem System angehören, desto schwieriger wird es sicherzustellen, dass deren Handlungen im Sinne des Systems ausgerichtet sind. Daher pendelt sich in der Regel auch die Größe der Struktur auf ein Ausmaß ein, bei dem gerade noch so viele und jene Personen eingebunden werden, bei deren Mitwirkung eine möglichst gute Zielerreichung angestrebt werden kann.

Da es unvermeidbar ist, dass sich im Lauf der Zeit Rahmenbedingungen und individuelle Interessen der Mitarbeiter ändern, müssen dahingehend auch immer wieder kleinere und größere Adaptionen vorgenommen werden, um die Gruppenaufgaben noch erfüllen zu können. Die in diesem Zusammenhang zwangsläufig entstehenden Konflikte sind für Gruppen „ganz natürlich". Gelingt es aber nicht, eine Übereinkunft zu erzielen, bei der der Nutzen für die Individuen deren Zugeständnisse an das System überwiegt, werden diese das Kollektiv verlassen. Ebenso wird umgekehrt ein Mitglied aktiv ausgeschieden, wenn es die Zielerreichung der Gruppe in einem Maß behindert, das mit seinem Beitrag nicht mehr vertretbar ist. Dies kann bis zur Auflösung des Systems führen, falls es seinen Zweck nicht mehr erfüllen kann. Wenn etwa Frau Crawler mehr Zeit für sich und die Kinder von ihrem Mann fordert und dieser Wunsch unvereinbar mit dessen Mitgliedschaft im Golfclub ist, muss er entweder das Golfspielen sein lassen oder er riskiert das System Familie. Wenn ihm diese einen größeren „Nutzen" bringt, kann seine Frau davon ausgehen, dass er bei Unvereinbarkeit die Mitgliedschaft im Club aufgibt.

Es wird durch die Ausführungen deutlich, dass soziale Systeme von ihren Mitgliedern fordern, deren Handlungen im Sinne des Kollektivs auszurichten. Sie verpflichten sich gegenüber dem System, ihre Freiheit einzuschränken und gewisse Leistungen zu erbringen, sodass übergeordnete Ziele verwirklicht werden können. Daraus lässt sich in Hinblick auf die Vorhersehbarkeit sozialen Verhaltens ableiten:

> Die Mitgliedschaft in einem sozialen System erzwingt eine Einschränkung der Handlungsfreiheit der beteiligten Personen. Die Kenntnis des Systemsinnes erhöht die Chance einer Vorhersehbarkeit.

2.3   Ebenen und Kopplungen

Ebenen

Soziale Systeme wirken als Ganzheit. Wie bereits ausgeführt hat dies zur Folge, dass die Mitglieder ihre Handlungen dem gemeinsamen Sinn unterzuordnen haben, wenn sie dem System angehören wollen. Auf diese Weise kommt jedoch ein besonderes Phänomen zum Tragen. Das System reduziert die nach außen wirksame Komplexität, da es als Einheit wirkt. Damit ist zwar die oben beschriebene Komplexitätsdifferenz verbunden, die es von seiner Umwelt abhebt und die verhindert, dass es von Außenstehenden in seiner Gesamtheit durchschaut werden kann. Der positive Aspekt an diesem Umstand ist jedoch, dass dies auch zu einer Vereinfachung der Interaktion mit dem jeweiligen System führt.

Dies soll am Unternehmen PowerSocks näher untersucht werden. Das Unternehmen beschäftigt etwa 1000 Mitarbeiter und hat sich auf die Produktion von Wollsocken spezialisiert. Es würde wohl keine einzige Socke das Fließband verlassen, geschweige denn einen Abnehmer finden, wenn nicht ein paar Mitarbeiter sich auf den Materialeinkauf konzentrieren, andere auf das Design und wieder andere dafür sorgen, dass die Produktion entsprechend läuft. Nicht zuletzt sind auch noch Personen erforderlich, die Vertrieb und

Marketing übernehmen, sodass alle Kompetenzen in der Form abgebildet sind, dass sie modernen Standards entsprechen. Eine einzelne Person könnte vermutlich eine Socke herstellen – dieses Bild ist wohl vielen noch von den Großmüttern her bekannt – allerdings wäre das Material vermutlich teurer als der Preis, zu dem der Mitbewerber RoaringSocks einkauft, die Produktionszeit länger als die des Konkurrenten RunningSocks und so weiter. Die Gründe dafür wurden im Zusammenhang mit Arbeitsteilung schon skizziert. Es sind also für herausragende Leistungen einige Spezialisten in unterschiedlichen Disziplinen unentbehrlich.

Wenn aber 1000 Mitarbeiter im Unternehmen beschäftigt sind, kann nicht mehr sichergestellt werden, dass jeder jeden kennt und es wäre trotz Spezialisten schwierig, effizient zu arbeiten. Mit wem soll der Arbeiter am Fließband reden, wenn er Wolle benötigt? Wer ist dafür zuständig, dass die Produktionsmaschinen richtig eingestellt sind? Sich durch das Unternehmen zu fragen, um diese Informationen zu erhalten, gestaltete sich wohl als sehr mühsames Unterfangen, wenn es da nicht irgendeine Form von Organisation gäbe. Durch die Einteilung in Teams wird dies erheblich erleichtert. Da gibt es eine Gruppe der Einkäufer, die sich um die Beschaffung von Material kümmert, und eine andere Gruppe, die dafür sorgt, dass die Produktion läuft. Beide Gruppen haben ihren Zweck, und selbst wenn im Inneren komplizierteste Abstimmungen nötig sind, so ist das Ergebnis des Einkaufs, eine Lieferung Wolle zum richtigen Zeitpunkt und zu einem günstigen Preis sicherzustellen. Die Interaktion mit diesem Team kann sehr einfach sein, indem man ihm mitteilt, wann welches Material benötigt wird. Was dann im Hintergrund abläuft, bleibt dem Produktionsleiter verborgen. Auf diese Weise reduziert das „System Einkaufsteam" die Komplexität für seine Umwelt. In derselben Form finden sich zahlreiche Teams über das gesamte Unternehmen, die wiederum Komplexität in der Interaktion reduzieren, da sie ihrem Sinn entsprechend erwartbare Ergebnisse liefern.

Die Bildung von Teams abstrahiert die Detailstruktur und ermöglicht es, eine Vielzahl an optimierten Handlungsvariationen verfügbar zu halten, ohne dass die Interaktionskomplexität zu hoch wird.

Nachdem Systeme für sich eine eigene Identität ausbilden können, lässt sich dieses Spiel nach oben fortsetzen und es ergeben sich dadurch verschiedene Ebenen. Mehrere Teams werden zu Abteilungen zusammengefügt, Abteilungen zu Bereichen und so weiter. Das Ergebnis dieser Übung ist eine klassische hierarchische Organisation, wie sie wohl jeder aus Unternehmen und anderen Organisationen kennt. Sie führt dazu, dass die Komplexität von 1000 Mitarbeitern, die potenziell jeder mit jedem interagieren müssten, um ein bestimmtes Ergebnis zu erzielen, für die Geschäftsleitung beherrschbar wird. Ebenso wird das Unternehmen PowerSocks von seiner Umwelt als Ganzheit wahrgenommen. Für diese ist es irrelevant, wer die Wolle einkauft und wer die Maschinen wartet. Sie kann jedoch davon ausgehen, dass das Unternehmen als Gesamtsystem dafür steht, den Markt mit Wollsocken zu versorgen.

Hierarchische Strukturen sind bekanntlich jedoch nur eine mögliche Organisationsform. Mittlerweile findet man allerorts Matrixstrukturen, Projektstrukturen und Netzwerkstrukturen in Unternehmen vor, die allesamt deswegen erforderlich werden, weil die Aufgabenstellung eine höhere Komplexität annimmt, als eine lineare Reduktion in Form einer Hierarchie abzuwickeln im Stande ist. Allerdings wird man die Hierarchie als Struktur nicht los. Daraus ergeben sich in der Praxis von Unternehmen und anderen Organisationen vielfältige Mischungsformen, bei denen die Hierarchie gewissermaßen die Stammorganisation bildet, quer zur linearen Ordnung jedoch prozessorganisatorische oder projektförmige Systeme installiert sind. Da sich soziale Systeme durch ihren Sinn definieren lassen, gibt es in einer Organisation verschiedene Sinnhorizonte, sodass in einer Organisation Widersprüche zwischen verschiedenen Formen von Organisation auftreten, die sich alle mehr oder weniger stark an der hierarchischen Grundstruktur reiben. Aus diesem Grund kann man auch von „Hierarchiekrise" sprechen; die Hierarchie hat Defizite, man wird sie aber nicht los (s. dazu Heintel & Krainz 2000). Je spezifischer der Sinn und die Aufgabe eines Subsystems sind, desto optimierter das Ergebnis, so die Grundlehre der Arbeitsteilung; desto stärker aber auch die möglichen Reibungen mit dem Sinn und den Aufgaben anderer Subsysteme, lehrt die Praxis. Die Friktionen dürfen nicht vermieden werden. Würde man z. B. Teams sich selbst überlassen, verselbständigen sie sich und schädigen unter Umständen das Gesamtziel der Organisation. Also führt man wieder Hierarchie ein. Man fasst Teams zu Abteilungen mit einem „höheren" Ziel zusammen, das wiederum einschränkend auf den Handlungsspielraum der Teams wirkt und sie so im Sinne des großen Ganzen ausrichtet.

Würde sich das Unternehmen PowerSocks auf rote Winterwollsocken für ältere australische Herren konzentrieren, könnte die Struktur vermutlich linear-hierarchisch aufgebaut sein, denn das Gesamtziel wäre weitestgehend für alle gleich und jeder hätte seinen bestimmten Beitrag zu liefern, der immer konkreter werden würde, je weiter man die Hierarchie nach unten ginge. So würde die Designabteilung Konzepte in roter Farbe für ältere australische Herrn ausarbeiten, der Einkauf wintertaugliche Wolle in roter Farbe kaufen und so weiter, sodass jedes Team nur ein Ziel hätte, dem es sich verpflichtet fühlt und diese auf der übergeordneten Ebene sich zusammenfügen würden, bis sich das Gesamtziel ergibt. In der Praxis ist es jedoch nicht mehr so einfach, denn PowerSocks konnte nur deswegen so erfolgreich werden, weil die Firma Wollsocken in unterschiedlichsten Farben für jung und alt und für einen weltweiten Markt herstellt. Nun hat aber ein norwegischer Großvater andere Ansprüche, was Wintersocken betrifft, als ein südspanischer Gigolo. Ersterem steht vermutlich der wärmende Aspekt im Vordergrund und Zweiterem eher das Design. Es liegt auf der Hand, dass sich beide nur schwer vereinbaren lassen, weshalb das Unternehmen PowerSocks neben der hierarchischen Gliederung in Einkauf, Produktion und Verkauf noch eine Matrixstruktur einführte, die quer über die bestehende Organisation Teams zusammenfasst, die sich auf bestimmte Zielgruppen konzentrieren und in denen Vertreter aus den jeweiligen Fachgruppen mitarbeiten. Auf diese Weise gelingt es PowerSocks, die Komplexität des adressierten Marktes in der eigenen Struktur abzubilden und dieser zu entsprechen. PowerSocks kann von Glück reden, dass das Sockengeschäft gut läuft, denn wäre dies nicht der Fall, müssten vielleicht Personen aus verschiedensten Bereichen des Unternehmens zu einem Projektteam zusammengefasst werden und kurzfristig ein Konzept für Wollhauben entwickeln.

Abbildung 2.3 zeigt vereinfacht die hierarchischen Ebenen des Unternehmens und die Projektstruktur der Wollhaubeninitiative. Die Komplexität der Binnenstruktur und damit auch die Handlungsfähigkeit wäre infolge wiederum höher und es könnte ein komplexerer Markt bedient werden. Allerdings hätte dies auch Konsequenzen für das Unternehmen PowerSocks. Durch die unterschiedlichen Zielsetzungen käme es zu Konflikten zwischen den Mitarbeitern, die plötzlich mehreren Subsystemen mit unterschiedlichen, sich mitunter widersprechenden Zielen verpflichtet sind. Die Designerin, die an der nächsten Winterkollektion arbeiten sollte, wäre plötzlich als Mitglied des dringend fertigzustellenden Haubenprojektes mit einem Problem konfrontiert. Aufgrund begrenzter Kapazität könnte sie sich nur auf eine der Aufgaben konzentrieren und die andere bliebe auf der Strecke. Welche ist aber wichtiger? Beiden Systemen und beiden Zielsetzungen verpflichtet, wäre sie mit einem Konflikt konfrontiert, den sie selbst nicht auflösen kann. Ebenso könnte es dem Fertigungsleiter ergehen, der prüfen soll, ob mit seinen Maschinen Hauben überhaupt gefertigt werden können, obwohl er eigentlich Socken für das Nikologeschäft produzieren soll. Sobald in einem System mehrere überlappende Subsysteme mit unterschiedlichen Zielsetzungen existieren, ist der Konflikt an den Überschneidungspunkten vorprogrammiert und muss aktiv gemanagt werden (zum „Widerspruchsmanagement an den Matrix-Knoten" s. Heintel & Krainz 2000, S. 51ff). Der Lohn dafür ist ein breiteres Repertoire an Handlungsmöglichkeiten, die dem Unternehmen zur Verfügung stehen.

Zusammengefasst hat die Hierarchie dazu geführt, dass durch Kapselung die Komplexität im Verhältnis innen-außen reduziert wurde. Dies vereinfacht zwar die Beziehung zwischen den Subsystemen und ihren jeweiligen Umwelten, hat aber zur Folge, dass die Handlungsmöglichkeiten Ersterer eingeschränkt werden. Problematisch ist eine solche Konstellation, wenn zur Erreichung des Systemziels eine *höhere* oder eine *andere* Binnenkomplexität erforderlich ist. In einem derartigen Fall passt die Struktur nicht zur Komplexität der Aufgabe, die dann nicht adäquat bearbeitet werden kann (vgl. Grimm 2009, S. 43). Das betroffene System wäre mit der Aufgabe überfordert, wie in Kapitel **5.3 Typische Problemfelder** noch gezeigt wird, könnte damit seinen Sinn nicht erfüllen und würde sich mangels Nutzen früher oder später auflösen. Dies ist auch der Hauptgrund für die Hierarchiekrise: Für die gestiegene Komplexität moderner Aufgabenstellungen sind mehrdimensionale Organisationsformen wie Matrix- oder Projektstrukturen erforderlich. Die Dynamik gegenwärtiger Herausforderungen führt zudem zu flexiblen und zeitlich veränderlichen Formen, bei denen das selbstorganisierende Potenzial der Beteiligten genutzt wird. Wenn die Struktur nicht von einem einzelnen Menschen vorgegeben wird, können auch komplexere Aufgaben bewältigt werden, als dieser alleine durchschauen würde. Umgekehrt ist es für den Leiter solcher Organisationen auch nicht mehr möglich, die Strukturen an sich sowie deren Wirkung im Detail zu überblicken. Die Steuerung erfolgt dann über Rahmenbedingungen und Ziele, was, nebenbei bemerkt, dem Systemgedanken ohnehin besser entspricht.

Abbildung 2.3 Systemebenen der Firma PowerSocks

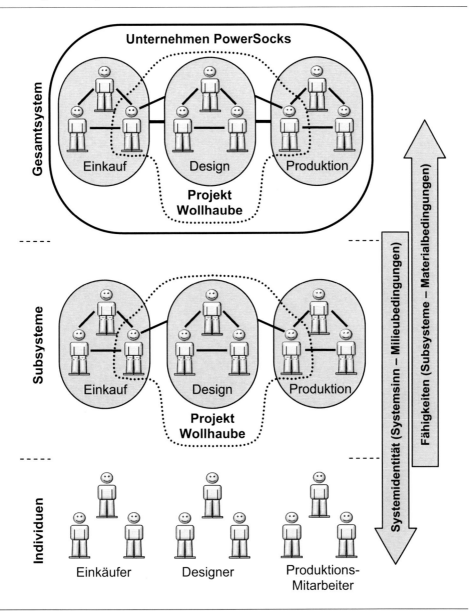

Wichtig ist hierbei zu erwähnen, dass Verknüpfungen nicht zwingend auf einer Systemebene erfolgen müssen. Es ist durchaus denkbar, dass an einem Projekt ein Mitarbeiter des Einkaufs, die gesamte Designabteilung und ein Vertreter der Produktion mitarbeitet (**Abbildung 2.3**). Aufgrund der Tatsache, dass soziale Systeme auf Kommunikation aufbauen, erfolgt die Verknüpfung letztendlich auf Basis interagierender Menschen. Diese können als Vertreter eines Teams, einer Abteilung oder als einzelne Individuen zusammenwirken, sodass systemebenenübergreifende Kooperationen durchaus denkbar sind. So ist auch im Rechtswesen vorgesehen, dass eine Person einen Vertrag mit einem Unternehmen (als juristische Person) abschließt.

Es wurde nun schon mehrfach ausgeführt, dass die Handlungsfreiheit von Mitarbeitern oder Subsystemen vom übergeordneten System eingeschränkt wird. Umgekehrt kommt es jedoch durch die Subsysteme und deren Mitglieder ebenso zu einer Einschränkung des Spielraums. Jeder Mensch hat ein gewisses Repertoire an Fähigkeiten, und diese limitieren den Freiraum des Systems, dem er angehört. Die Einkaufsabteilung von PowerSocks könnte wohl keine günstigen Wollpreise erzielen, wenn sie ausschließlich Designexperten beschäftigt, die zwar ein Gespür für Farbe und Stil haben, aber keine Ahnung von Verhandlungen mit Lieferanten. Dies gilt nicht nur für die erste Ebene, sondern auch für Verknüpfung von Subsystemen zu übergeordneten Wirkeinheiten. So würde es PowerSocks vermutlich schwer fallen, Anoraks herzustellen.

Damit schränken in der Gesamtkonstellation zwei Wirkungen die Handlungsfreiheit sozialer Systeme ein. Dies sind zum einen die Fähigkeiten darunterliegender Ebenen – diese werden häufig als „Materialbedingungen" bezeichnet (Riedl 2000) – und zum anderen die Ziele übergeordneter Ebenen, die „Milieubedingungen". Beide wirken auch auf systemebenenübergreifende Systeme, denn auch diese basieren auf Subsystemen und haben einen übergeordneten Sinn, der ihre Existenz rechtfertigt.

Für die Vorhersehbarkeit des Verhaltens sozialer Systeme gilt demnach:

> Die Fähigkeiten der Mitglieder und Subsysteme limitieren die Handlungsfähigkeit des Gesamtsystems. Eine Kenntnis der Mitgliederqualifikationen erlaubt Rückschlüsse auf zulässige Sinndefinitionen von Systemen.

Kopplung trotz Abgrenzung?

Innerhalb eines Systems kommunizieren die Akteure untereinander und tragen damit dem Systemsinn Rechnung. Kommunikation folgt auf Kommunikation, solange dies aus Systemsicht sinnvoll ist, und damit sorgt es selbst für seinen Fortbestand. Externe Akteure oder Systeme in der Umwelt können den systeminternen Sinn nicht vollumfassend kennen. Durch die Komplexitätsdifferenz zwischen System und Umwelt ist nur ein Bruchteil der internen Qualitäten nach außen wirksam. Zudem erfolgt die Interpretation durch Externe zwingend in *deren* „Welt" und aus *deren* Blickwinkel.

Wenn PowerSocks plötzlich nur noch blaue Socken auf den Markt wirft, ist dies eine Wirkung, die für Systemfremde durchaus sichtbar ist. Welchen Zweck PowerSocks wirklich damit verfolgt, ob sich das Unternehmen Kosten im Einkauf sparen möchte oder ob es einen Modehype generieren will – der wahre Grund bleibt Außenstehenden verborgen, die nicht den internen Sinnzusammenhang kennen.

Das System organisiert sich so, dass es seinen Zweck auf Basis der bestehenden Mittel bestmöglich erfüllt. Jeder Eingriff von außen würde dieses Gefüge verändern und könnte potenziell eine Zielerreichung verhindern, sodass es letztendlich zerfällt. Selbst wenn es weiterbestünde, so würde der Eingriff aus einer anderen Sinndefinition heraus erfolgen und damit das Selbstverständnis des Systems (zer)stören. In jedem Fall handelte es sich danach um ein anderes System, selbst wenn es in seiner Struktur noch dem vorhergegangenen ähnelte. Am Beispiel von PowerSocks wäre ein Eingriff von außen etwa eine Restrukturierungsauflage seitens des Geldgebers, mit dem Ziel, die Profite zu verdoppeln. Verschärfend könnte hier etwa noch dazukommen, dass die Neuorganisation von externen Personen umgesetzt wird. Der ursprüngliche Zweck seiner Existenz, Socken zu produzieren, würde durch einen Profitzweck ergänzt beziehungsweise ersetzt. Es liegt auf der Hand, dass dies zahlreiche Veränderungen im Inneren zur Folge hätte, sodass die Struktur danach nicht mehr wiederzuerkennen wäre. Selbst wenn die Akteure die gleichen blieben, wäre das System ein anderes als zuvor.

Die Konsequenz daraus ist, dass Systeme nur dann ihre Identität behalten, wenn sie aus sich heraus ihre Strukturen gestalten und keine direkten Einflussnahmen auf Strukturen und Interaktionen von außen vorgenommen werden. Dies bezeichnet man als „operative Geschlossenheit", eine Grundvoraussetzung für soziale Systeme. (Auch dieses Theorem wurde von Luhmann bei Maturana & Varela, 1991, S. 180, gefunden und von der Biologie in die Soziologie übernommen.)

Wenn nun aber soziale Systeme in sich geschlossen sind und sich selbst durch Reproduktion ihrer internen Kommunikation stetig hervorbringen, wie ist überhaupt eine Interaktion mit der spezifischen Umwelt möglich, wie sie doch in der Praxis gang und gäbe ist? Die systemübergreifende Form von Interaktion erfolgt durch Wirkungen eines Systems nach außen, die von dessen Umwelt wahrgenommen werden. Blaue Socken sind eine Wirkung auf die Umwelt, die PowerSocks hervorbringt. Wenn nun andere Individuen oder Systeme diese Wirkung wahrnehmen, interpretieren sie diese in ihrer „Sinnwelt" und handeln entsprechend. Etwa könnte eine Handelskette PowerSell die blauen Socken für sich als genialen Absatzbringer erkennen und ihre Regale damit befüllen.

Das Spannende bei systemübergreifenden Interaktionen ist, dass mangels Kenntnis des Sinns des anderen Systems nie sichergestellt werden kann, dass dieses sich in einer bestimmten Art und Weise verhält. So könnte die Handelskette PowerSell vielleicht das Angebot blauer Socken wohl registrieren, mit diesem Produkt aber die Hauptzielgruppe älterer australischer Herrn suboptimal befriedigt sehen und gar nicht darauf reagieren.

Ähnlich wäre es auf der Ebene des Individuums. Herr Crawler gehört als Mitglied des Golfclubs und seiner Familie zwei Systemen an. Beide haben unterschiedliche Sinndefinitionen und eine direkte Interaktion ist nicht möglich. Dennoch sind sie über Herrn Crawler gekoppelt. Wenn er jedes Wochenende im Golfclub verbringt, ist dem System Familie nicht direkt zugänglich, was der Golfclub davon hat. Die Wirkung dieser Handlung ist aber von seiner Familie wahrnehmbar, indem er selten zu Hause erscheint. Dies kann die Sinnerfüllung (etwa glückliche gemeinsame Existenz) der Familie beeinträchtigen, sodass dieses mit interner Kommunikation darauf reagiert, indem Frau Crawler sagt: „Wenn du nicht jede zweite Woche zu Hause bist, dann ist unsere Ehe gelaufen!" Als rücksichtsvoller Familienvater wird Herr Crawler dann nur noch 14-täglich am Golfplatz erscheinen. Der Golfclub wird dies wahrnehmen, kann aber nicht nachvollziehen, was das aus Sicht des Systems Familie bedeutet. Allerdings ist ihm die Konsequenz der reduzierten Anwesenheit Herrn Crawlers durchaus sichtbar und sie hat vermutlich eine Wirkung im Golfclub.

Systemübergreifende Kopplungen bedeuten, dass die Wirkung eines Systems vom anderen System wahrgenommen werden kann. Was es daraus macht, ist eine andere Sache und obliegt dem wahrnehmenden System. Wirkungen, die in den „Sinnwelten" beider Systeme zum Tragen kommen, dienen als „Übersetzer" zwischen den Systemlogiken und sind Grundlage der Kopplung.

Abbildung 2.4   Herr Crawler im Spannungsfeld zweier Systeme

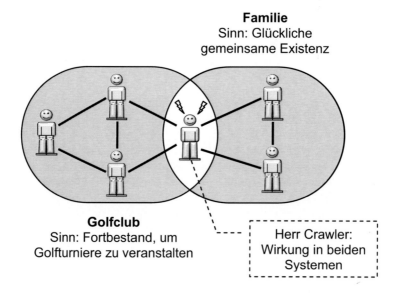

Da unterschiedliche Systeme verschiedene Zwecke erfüllen, kann es durchaus vorkommen, dass eine Wirkung im Sinne eines Systems und gegen das Ziel eines anderen ist. Herrn Crawlers Golfwochenenden zeigen dies deutlich. Damit entsteht ein Widerspruch, der an den Schnittstellen zum Tragen kommt. Dies führt meist zu Konflikten, die zwischen Personen als Systemrepräsentanten deutlich werden. Wenn nicht ein übergeordnetes System eine Richtung vorgibt, so sind die Personen an den Schnittstellen gefordert, die Wirkung ihrer Handlung in beiden Systemen so zu gestalten, dass deren Sinnerfüllung noch ermöglicht wird. Gelingt dies nicht, ist ein Ausschluss oder ein Zerfall des betroffenen Systems sehr wahrscheinlich. Dies hängt davon ab, ob das System ohne dieses Mitglied seinen Sinn noch erfüllen kann oder nicht. Im Falle der Familie wäre es ein Zerfall. Der Golfclub hingegen würde vermutlich ohne Herrn Crawlers Teilnahme weiter existieren.

Wie bei Interaktionen zwischen Personen, so sind auch systemübergreifende Kopplungen nicht zwingend von Dauer. Die Firma PowerSocks kann wahrnehmen, dass Abnehmer nach blauen Socken fragen. Was PowerSocks daraus schließt, ist Sache der Firma. Es kann durchaus sein, dass es sich hierbei um ein einmaliges Phänomen handelt. Das Schema auf Systemebene ist identisch mit wechselseitigen Äquivalenzstrukturen auf Personenebene (vgl. **2.2 Von der Interaktion zum sozialen System**). Wenn ein System von einem anderen eine gewisse Wirkung in Form einer Handlung erwarten beziehungsweise damit selbst eine vollendende Handlung ausführen kann und dies mit hoher Wahrscheinlichkeit wiederholt wird, so kommt es zu einer dauerhaften Kopplung beider Systeme. Dies ist der Fall, wenn etwa PowerSell verlässlich 80 % der jährlichen Sockenproduktion von PowerSocks verkauft und seitens PowerSocks dafür eine monetäre Gegenleistung erhält. Wie oben erläutert, könnte sich daraus durchaus ein übergeordneter Sinn – beispielsweise ganz Europa mit blauen Socken zu versorgen – ergeben, sodass die beiden als Subsysteme ein übergeordnetes System bilden. Dies muss aber nicht zwingend der Fall sein. Sie können als eigenständige Systeme weiterhin einen individuellen Zweck verfolgen und voneinander in Form einer wechselseitigen Äquivalenzstruktur profitieren.

Bedeutsam ist darüber hinaus die Wichtigkeit der Handlungen eines Systems für das andere. Ist PowerSell davon abhängig, dass PowerSocks in entsprechender Anzahl produziert, da sein Kundenklientel keinen anderen Hersteller akzeptieren würde, übertragen sich Veränderungen im Verhalten von PowerSocks unmittelbar und direkt auf das System PowerSell. Man spricht dann von einer „engen Kopplung". Enge Kopplungen sind meist durch viele und sehr intensive Interaktionsbeziehungen zwischen den verbundenen Gruppen gekennzeichnet. Ereignisse in einem System übertragen sich dabei unmittelbar und direkt auch auf das andere und entfalten auch dort eine Wirkung. Zweifellos steigert eine enge Kopplung die Effizienz, da sich die Akteure kennen, wissen, was im anderen Team gerade los ist und somit übermittelte Informationen „richtig" interpretieren. Darüber hinaus erhöht eine enge Kopplung durch direkte Einbindung des anderen Teams die Komplexität, die zur Abarbeitung einer Aufgabe zur Verfügung steht. Die Kehrseite der Medaille liegt jedoch in der Inflexibilität. Sind die Strukturen nicht geeignet, eine Aufgabe zu erfüllen, wird es bei enger Kopplung problematisch. Die beteiligten Teams sind stark voneinander abhängig, und hier Ersatz zu finden und die nötige Intensität aufzubauen, ist meist nicht einfach. Zudem dauert es auch eine gewisse Zeit, mit anderen Menschen die dafür nötige Vertrautheit aufzubauen. Enge Kopplungen eignen sich daher vor allem, ähnliche komplexe Aufgaben wiederholt abzuwickeln.

Im Gegensatz dazu sind „lose Kopplungen" einfach und unspezifisch, sodass Veränderungen in einem System nur eine geringe Auswirkung auf das andere haben. Ein Auflösen solcher Verbindungen hat für die betroffenen Teams auch nur geringe Konsequenzen. Lose Kopplungen sind dann hilfreich, wenn sich die Anforderungen häufig ändern und daher hohe Flexibilität gefordert ist. Dazu müssen aber die Einzelsysteme in der Lage sein, ihre Aufgabe alleine oder nur bei minimaler und temporärer Interaktion mit anderen

Teams zu bewältigen. Eine Subfirma ist hier ein gutes Beispiel. So könnte PowerSocks ein Tochterunternehmen PowerBonnet gründen, das sich auf die Haubenproduktion spezialisiert. Bei einer losen Kopplung würde PowerSocks Startkapital zur Verfügung stellen und entsprechende Rückzahlungen erwarten (der Geldstrom wäre die einzige jeweils in beiden Systemen wahrgenommene Wirkung). Sollte das Unterfangen scheitern, wird die Firma geschlossen und so die Verbindung mangels Nutzen eliminiert. Die lose Form der Kopplung gibt Flexibilität und reduziert die Abhängigkeit beziehungsweise das damit verbundene Risiko. Ihre Nachteile liegen vor allem darin, dass es an den Verbindungsstellen zu starken Komplexitätsreduktionen kommt. Um größere Aufgaben zu bewältigen, gilt es, diese so zu zerlegen, dass die Teams voneinander nicht viel wissen müssen. Komplexere Herausforderungen lassen dies oftmals nicht zu. So könnte das Unternehmen PowerBonnet vielleicht genau deshalb in Schwierigkeiten geraten, weil es ausschließlich über den Geldstrom an PowerSocks gekoppelt ist und Synergien aus einer gemeinsamen Einkaufs- oder Produktionsabteilung nicht genutzt werden können.

Lose gekoppelte Systeme sind zwar flexibler in der Anpassung ihrer Strukturen an veränderliche Problemstellungen, haben aber bei weitem nicht die Leistungsfähigkeit, welche eng gekoppelte Systeme erwirken, deren Strukturen zur Aufgabe passen.

Beide Kopplungsformen haben ihre Vor- und Nachteile. Es hängt vom Kontext und von den Subsystemen ab, welche jeweils die zielführende Variante ist. Für die Berechenbarkeit sozialer Systeme lässt sich aus der Form der Kopplung jedoch Folgendes ableiten:

> Je enger zwei Systeme gekoppelt sind, desto höher ist die Wahrscheinlichkeit, dass sie komplexe Aufgabenstellungen bewältigen und dass sich Informationen von einem zum anderen übertragen.

2.4 Stabilität und permanenter Wandel

Systemsinn als stabiles Element

Jedes soziale System definiert sich über seinen eigenen Sinn. Ändert sich dieser, so ist auch von einem anderen System die Rede. Damit ist der Systemsinn als Existenzgrundlage jene Eigenschaft sozialer Systeme, die bis zu deren Auflösung Bestand hat. Wie schon eingehend ausgeführt, ist er das Kriterium, das Kommunikationen als systemzugehörig oder nicht zugehörig unterscheiden lässt und Mitglieder in ihrer Handlungsfreiheit limitiert. Der Systemsinn ist damit das kräftigste und stabilste Element, welches übergeordnet das Verhalten steuert.

Strukturen als semistabiles Element

Anders als der Sinn sind die Strukturen eines sozialen Systems nicht zwingend über dessen gesamte Dauer seiner Existenz gleichbleibend. Wie ein Ziel auch auf unterschiedliche Arten erreicht werden kann, so ist auch ein bestimmter Systemsinn mit unterschiedlichen Strukturen erzielbar. Damit ist es durchaus möglich, dass Systeme ihre Identität behalten, selbst wenn sich die internen Strukturen ändern. Im Sinne der operativen Geschlossenheit ist es jedoch unumgänglich, dass solche Umformungen aus sich heraus erfolgen, von innen getrieben.

Strukturelle Anpassungen sind vor allem dann nötig, wenn sich Umweltbedingungen ändern und die Zielerreichung dadurch beeinträchtigt wird. Wenn ein System in der Lage ist, sich selbst zu reflektieren und seine Strukturen entsprechend anzupassen, um seinem Sinn nach wie vor Rechnung zu tragen, ist sein Bestand sichergestellt.

Strukturen sozialer Systeme geben die Wege vor, auf denen Informationen mitgeteilt werden. Sie limitieren die Binnenkomplexität für die Mitglieder, sodass diese interaktionsfähig bleiben und im Sinne des Systems kommunizieren. Es handelt sich hierbei ausschließlich um gewachsene oder bewusst festgelegte Kommunikationsbeziehungen zwischen Individuen, von denen die Systemmitglieder in ihrer Gesamtheit ausgehen, dass sie den Systemsinn unterstützen. Den Anforderungen entsprechend, können Mitglieder aber untereinander neue Verbindungen ausbilden und andere beenden. Dies ist der Fall, wenn Individuen der Meinung sind, durch andere Verknüpfungen besser dem Systemsinn Rechnung tragen zu können. Dieser Umstand führt entweder direkt dazu, dass sie neue Interaktionsbeziehungen etablieren oder dass im System entsprechend den internen Entscheidungsregeln eine Veränderung von Interaktionsbeziehungen beschlossen wird.

Am Beispiel der Firma PowerSocks könnte etwa ein Mitarbeiter der Produktion erkennen, dass er direkt mit den Einkäufern sprechen sollte, damit diese eine bestimmte Wollsorte kaufen, die optimal verarbeitet werden kann. Wenn es die Spielregeln im Unternehmen zulassen, könnte er dazu selbst zu einem Einkäufer gehen und damit eine neue Verbindung etablieren. Vielleicht wäre dies aber nicht gewünscht, da diese Interaktion für den Rest des Unternehmens im Nachhinein nicht nachvollziehbar wäre. In einem solchen Fall wird er wohl an seinen Vorgesetzten, den Produktionsleiter, herantreten und ihn bitten, sich mit dem Leiter der Einkaufsabteilung dahingehend abzustimmen. Ob so oder so, in jedem Fall würde in Abhängigkeit von den internen Regeln eine Verbindung zu Stande kommen, die den Sinn des Unternehmens besser unterstützt.

Der Auf- und Abbau von Strukturen dauert eine gewisse Zeit, da wie bei jeder wechselseitigen Äquivalenzstruktur Vertrauen in die Erwartbarkeit einer Handlung aufgebaut werden und auch ihr Nutzen für die Beteiligten erkennbar sein muss. Einmal etabliert, beschleunigen sie die interne Informationsverbreitung aber signifikant. Daher werden solche Strukturen (insbesondere jene, welche die Entscheidungsfindung betreffen) auch als Organigramme in Unternehmen dokumentiert, um Wege, die erfolgversprechend erscheinen, für verbindlich zu erklären.

Kommunikationen als dynamisches Element

Betrachtet man rein den Sinn und die Struktur, so könnte man vermuten, dass soziale Systeme eingefroren und reaktiviert oder zumindest dupliziert werden könnten. Es müsste doch genügen, die Strukturen nachzubilden und ihnen denselben Sinn einzuimpfen. Dennoch ist es so, dass sogar ein und dasselbe Team am Wochenanfang anders auf zusätzliche

Arbeitsaufträge oder unerwartete Problemstellungen reagiert als gegen Ende der Woche. Der gegenwärtige Wissensstand beziehungsweise der aktuelle Zustand, aber auch die in der Gruppe momentan laufenden Interaktionen bestimmen trotz unveränderter Strukturen in starkem Ausmaß, wie das System auf einen Input reagiert. Selbst wenn die Organisation vorgeben ist, so ist nicht zwingend gesagt, dass diese Wege auch benutzt werden. Zudem kann nicht für alle Eventualitäten geregelt werden, was kommuniziert wird.

Soziale Systeme sind zwingend auf die Mitwirkung von Menschen mit ihren physischen und psychischen Fähigkeiten angewiesen. Sie sind es, die Mitteilungen empfangen, etwas daraus machen und in weiterer Folge wieder Informationen mitteilen. Selbst wenn sie in der strengen Definition sozialer Systeme gar nicht vorkommen, da diese ja personenunabhängig existenzfähig sind, so leisten Personen natürlich dennoch einen entscheidenden Beitrag zum Inhalt dessen, was kommuniziert wird. Sie entscheiden, ob eine Information in der aufgenommenen Form, mit Ergänzungen oder gar nicht weiterkommuniziert wird. Dies hängt davon ab, wie sie die Mitteilung einschätzen und ob sie diese als relevant für die angrenzenden Adressaten und im Sinne des Systems halten. Jedes soziale System ist damit mit vielen individuellen mentalen Systemen gekoppelt. Als „individuelle Materialbedingungen" sozialer Systeme prägen die Mitglieder daher in hohem Maß den Inhalt der über die Strukturen übermittelten Nachrichten.

Darüber hinaus bewerten Menschen nicht nur die Informationen an sich, sondern sie haben auch eine Meinung zu den Strukturen eines Systems. Mitunter erkennen sie diese nur deshalb an, damit sie den Status als Mitglied nicht verlieren. Wenn eine Mitarbeiterin der Buchhaltung ihren Vorgesetzten nicht akzeptiert, wird sie dennoch seine Anweisungen befolgen, um nicht aus dem Unternehmen ausgeschlossen zu werden. Welche Wirkung der Vorgesetzte in ihrem mentalen System auslöst, ist ihm höchstwahrscheinlich nicht bewusst. Aus diesem Grund ist trotz definierter Strukturen und bestimmter übermittelter Informationen noch nicht gesagt, wie sich ein konkreter Adressat verhalten wird und welche Kommunikation einer vorhergehenden folgen wird.

Der Umstand, dass Kommunikation an Kommunikation anschließt, hat auch zur Folge, dass der gegenwärtige Systemzustand eine große Auswirkung auf nachfolgende Zustände hat. So kann die Information der Geschäftsleitung von PowerSocks an alle Mitarbeiter, dass in den nächsten Wochen eine Reorganisation des Unternehmens durchgeführt wird, zur Folge haben, dass die Aussage des Fertigungsleiters, Frau Huber könne sich zwei Tage frei nehmen, von dieser völlig anders interpretiert wird als ohne Wissen über die bevorstehende Reorganisation. Sie hätte die Aufforderung frei zu nehmen vielleicht als Belohnung für ihren Einsatz verstanden. Angesichts des geänderten Informationsstandes wird sie daraus vielleicht schließen, dass ihr Vorgesetzter verifizieren möchte, ob sie entbehrlich ist.

Die sequenzielle Natur von Kommunikation hat zur Folge, dass soziale Systeme eine Historizität aufweisen. Die Vergangenheit hat eine Auswirkung auf den Status der Gegenwart und die Gegenwart wirkt auf die Zukunft. Je nach Zustand wird eine Information unterschiedlich interpretiert beziehungsweise verarbeitet und löst eine entsprechende Folgehandlung aus. Daher ist es nicht möglich, ein System einzufrieren oder zu kopieren, und es würde auch nicht genügen, sämtliche Strukturen nachzubilden. Selbst wenn die Mitglieder identisch wären, was alleine aufgrund der Individualität eines Menschen schon undenkbar ist, müssten sie auch noch dieselbe Historie und damit einen identischen inneren Zustand haben, um auf einen Input in gleicher Weise zu reagieren.

Ähnlich verhält es auch beim menschlichen Gehirn. Die Verbindungen der Neuronen geben keinen Aufschluss darüber, was der jeweilige Mensch gerade denkt. Sie schränken zwar die Möglichkeiten des Denkbaren ein, die Anzahl der Zustände ist dennoch so mannigfaltig, dass nie ein Rückschluss auf einen bestimmten Gedanken möglich wäre. Infolge der Historizität kann auch keine Löschung und Reaktivierung des Gehirns erfolgen. Um es auf einen bestimmten Stand zu bringen, würde es nicht genügen, einen Gedanken oder stationäres Wissen „einzuspielen". Das Gehirn müsste die gesamte Entwicklung mit allen Gedanken und strukturellen Veränderungen durchlaufen, um denselben Folgegedanken anschließen zu können. Daher kann mit Gehirnscans mitunter festgestellt werden, *dass* etwas gedacht wird, aber es ist ohne aktive Interaktion mit dem Betroffenen nicht möglich herauszufinden, *was* dieser denkt.

In derselben Form sind zur Vorhersage des Verhaltens eines sozialen Systems nicht nur dessen Strukturen, sondern auch dessen aktueller Kommunikationszustand, der die Vergangenheit impliziert, von großer Bedeutung, um die Reaktion auf einen Input einschätzen zu können.

> Um Reaktionen auf eine bestimmte Mitteilung einschätzen zu können, ist neben einer Kenntnis des Sinns und der internen Strukturen auch ein Wissen über den aktuellen Zustand aller Systemmitglieder sowie die aktuell laufenden Kommunikationen unbedingt erforderlich.

2.5 (Un-)Vorhersehbarkeit des Verhaltens

In den vorangegangenen Kapiteln wurden einige Aspekte behandelt, die nahelegen, dass eine Vorhersage des Verhaltens sozialer Systeme problemlos möglich sein müsste – so die Theorie. Die Praxis zeigt ein anderes Bild. Immer wieder werden wir von unerwarteten Verhaltensweisen unserer Arbeitskollegen überrascht, Firmenfusionen scheitern, Synergien wollen sich nicht einstellen und man kann glücklich sein, wenn zumindest die eigene Familie ein einigermaßen stabiles Umfeld darstellt.

Die Gründe hierfür sind mannigfaltig, lassen sich aber auf ein paar wesentliche Grundproblematiken zurückführen, die nun näher erläutert werden sollen.

Operative Geschlossenheit sozialer Systeme

Soziale Systeme sind in sich operativ geschlossen und verfolgen einen bestimmten Sinn, der als Leitdifferenz zugehörig von nicht-zugehörig unterscheidet. Dies wurde bereits erläutert. Die Konsequenz daraus ist jedoch, dass Systemfremde vielleicht den Sinn eines sozialen Systems erahnen können, eine vollständige Erfassung ist ihnen aber aufgrund der Komplexitätsdifferenz zwischen dem System und seiner Umwelt (und dazu zählt man als Systemfremder) nicht möglich. Selbst wenn das System von sich aus bestrebt wäre, seinen Sinn nach außen zu vermitteln, so wäre es auf seine (limitierten) Schnittstellen zur Umwelt angewiesen. Sogar wenn die Schnittstellen in der Lage wären, die wichtigsten Aspekte der eigenen Identität zu vermitteln, ist noch lange nicht gesagt, dass der Adressat diese in der „richtigen" Form interpretiert. Wahrscheinlicher ist, dass die Information ins eigene „Sinnsystem" so lange eingepasst wird, bis man glaubt, etwas verstanden zu haben.

Dies zeigt sich meist beim weihnachtlichen Besuch der Großeltern, die das mittlerweile berufstätige Enkelkind fragen, was es denn so in der Arbeit mache. Wenn dieses dann, nach Worten ringend, versucht, in einfacher Form zu erklären, die Firma stelle virtuell-vernetzte Datenbanken her und der eigene Job sei der eines System-Engineers für kundenspezifische Projekte, endet die Konklusion der Großmutter nicht selten mit: „Aha, also so was mit Computern!" Wie gut sie das System des Arbeitgebers verinnerlicht hat, ist dann offenkundig.

Mit einem ähnlichen Problem sind aber auch geschulte Berater konfrontiert. Sie sind auf die Informationen angewiesen, die das System nach außen weiterzugeben bereit ist. Wenn dieses befürchten muss, dass diese Informationen zu seinem Nachteil verwendet werden, hat der beste Berater keine Chance. Eine „richtige" Erfassung der treibenden Kräfte und des Systemsinnes ist nur Internen möglich. Damit ist ein Berater, der tatsächlich zum Kern der Systemlogik vordringen möchte, gezwungen, sich mit den Mitgliedern so zu vernetzen, dass er Teil eines neuen Systems wird, in dem beide sitzen, Berater und Beratene.

Abbildung 2.5   Beratungssystem zur Erfassung der Systeminterna

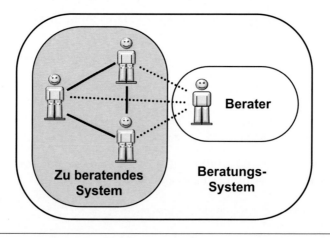

Dazu ist aber auch die Bereitschaft des Teams, sich zumindest temporär auf den Berater einzulassen, unumgänglich. Klientensystem plus Beratersystem ergibt Beratungssystem. Dessen Sinn es ist, ein Ergebnis zu produzieren, das beiden Teilsystemen von Nutzen ist (**Abbildung 2.5**). In dieser Struktur ist aufgrund der großen Überschneidung der Mitglieder eine hohe Wahrscheinlichkeit gegeben, dass der Sinn des zu beratenden Systems gut erfasst wird – allerdings nicht nur für Berater, sondern für alle Beteiligten. Es steht außer Frage, dass dabei hohe Ansprüche an den jeweiligen Berater gestellt werden. Soziale Konnektivität, Offenheit und Einfühlungsvermögen sind nur die wichtigsten der dafür erforderlichen Kompetenzen.

Da jeder Systemsinn auf unterschiedlichste Weisen realisiert werden kann, genügt es nicht nur zu wissen, welchen Zweck ein System verfolgt. Die interne Logik, das Wissen um die Verknüpfungen, die Abhängigkeiten von Milieu- und Materialbedingungen sind ebenso essenzielle Komponenten, um Verhalten zu antizipieren. Herr Crawler kann, um Kunden zu gewinnen, die Finanzierung von Banker Pilatus regeln lassen. Ebenso wäre es aber denkbar, seine Software in Form eines Mietmodells über die Nutzungsdauer zu verrechnen. Kennt man die enge Verbindung zwischen Banker Pilatus und Herrn Crawler, liegt auf der Hand, dass er sich bei Projektfinanzierungen an ihn wenden wird.

Wiederum ist die Frage, wie man als Berater zu dieser Information kommt. Ebenso wie beim Systemsinn kann er dies nicht durch Beobachtung von außen in Erfahrung bringen. Ferner ist hinreichend bekannt, dass dokumentierte Organisationsstrukturen nur ein grober Anhaltspunkt der wahren Verbindungen in einem Unternehmen sind. Der Berater ist auch in diesem Punkt darauf angewiesen, dass die Mitglieder preisgeben, mit welchen Personen sie Interaktionsbeziehungen in welcher Form, Intensität und zu welchen Themen pflegen.

Betrachten wir zur Illustration etwa die Firma PowerSocks. Die Geschäftsleitung beschließt das Restrukturierungsprogramm und betraut damit einen Berater. Er beleuchtet die Strukturen des Unternehmens anhand der ihm zur Verfügung stehenden Organigramme, führt Gespräche mit sämtlichen Abteilungsleitern und kommt zu dem Schluss, dass die Logistikabteilung geschlossen und an ein externes Unternehmen ausgelagert werden sollte. Anstelle des erwarteten Lobes für den Einsparungsvorschlag erhält er jedoch unerwartet herbe Kritik seitens des für den operativen Betrieb zuständigen Geschäftsführers. Seiner Ansicht nach ist das Logistikteam genau der Bereich, welcher das Unternehmen durch maßgeschneiderte Auslieferungskonzepte für seine Kunden von den Mitbewerbern abhebt. Warum konnte der in vielen Einzelheiten analysierte Verbesserungsvorschlag so abblitzen? Ein Grund dafür könnte sein, dass der Berater in seiner Analyse übersehen hat, dass der Leiter des auszulagernden Teams ein Schwager des Geschäftsführers ist. Die beiden treffen sich bei allen möglichen Familienfeiern, sodass die Abteilung im Grunde entsprechend der Idealvorstellung des Geschäftsführers gestaltet wurde. Jeder Mitarbeiter weiß dies, aber nach außen werden familiäre Beziehungen nicht kommuniziert.

Die oben beschriebene Konstellation des Beratungssystems ist auch hier hilfreich, da für Interne nicht nur die Interaktionen der anderen Mitglieder beobachtbar und interpretierbar werden. Sie werden darüber hinaus auch – aufgrund der Selbstreflexionsfähigkeit sozialer Systeme (**2.2 Von der Interaktion zum sozialen System**) – ständig thematisiert und damit für den Berater (im Beratungssystem) sichtbar. So würde der Berater, wäre er Mitarbeiter des Unternehmens, sehr schnell in Erfahrung bringen, dass eine verwandtschaftliche Nahbeziehung den Logistikleiter und den Geschäftsführer verbindet. Natürlich kann er als Mitglied auch die anderen Akteure direkt befragen, welche Interaktionen sie pflegen. Damit erschließt er zusätzliche Informationen, die mitunter selbst für ihn als internen, aber passiven Beobachter nicht offensichtlich wären.

Um ein System wirklich beschreiben zu können, ist neben dessen Sinn und Struktur ein dritter Aspekt, der aktuelle Zustand, entscheidend. Für diesen gilt dasselbe wie für die anderen beiden. Er ist für Externe nicht zur Gänze erfassbar, sodass wiederum die Mitgliedschaft in einem gemeinsamen Beratungssystem die einzige Chance ist, eine qualifizierte Auskunft zu erhalten.

Damit wird Folgendes deutlich: Das Verhalten eines sozialen Systems ist zwar mit einer gewissen Wahrscheinlichkeit einschätzbar, wenn dessen Sinn, Struktur und Zustand bekannt sind. Alle drei genannten Eigenschaften sind jedoch von außen nicht zugänglich und damit ist eine qualifizierte Aussage seitens Externer nicht möglich. Nur wenn Berater und fokales System sich „darauf einlassen" und ein gemeinsames Beratungssystem bilden, ist ein gemeinsamer Austausch über die Systeminterna mit einer passablen Kopplung möglich, die Schlüsse über das Verhalten des zu beratenden Systems zulässt.

> Aufgrund der operativen Geschlossenheit sozialer Systeme ist es erforderlich, Teil des Systems zu werden, um dessen Sinn, Struktur und Zustand adäquat erfassen zu können. Dies ist jedoch ein aufwändiges und voraussetzungsreiches Unterfangen.

(Zu hohe) Komplexität

Die Komplexität sozialer Systeme wurde bereits mehrfach thematisiert und schon das Beispiel von Konrads Gehaltserhöhung in **1.2 Herausforderung** zeigt deutlich, dass der Versuch, das Verhalten sozialer Strukturen zu durchdenken, rasch an die Grenzen menschlicher Kapazität stößt.

Eine Besonderheit komplexer Konstellationen ist der Umstand, dass kleine Ursachen massive Auswirkungen nach sich ziehen können. Jede minimale Unzulänglichkeit in der Erfassung sozialer Strukturen hätte demnach potenziell massive Auswirkungen und könnte sämtliche Anstrengungen konterkarieren.

Dem Berater der Firma PowerSocks würde auch dieser Umstand Probleme bereiten, wenn Herr Roadie, Mitarbeiter der Logistikabteilung, ein Verhältnis mit Frau Checker, Assistentin der Geschäftsführung, hätte. Noch bevor die Unternehmensleitung Bescheid weiß, würde sich seine per E-Mail mitgeteilte Empfehlung zur Auslagerung im Logistikteam verbreiten, da Frau Checker sämtliche Nachrichten an die Geschäftsführung vorqualifiziert und ihrem Freund diese wichtige Mitteilung natürlich nicht vorenthalten kann. Im Unternehmen PowerSocks gibt es Tausende Verknüpfungen unter den Mitarbeitern. Diese eine hätte aber zur Folge, dass sich die Nachricht der Auslagerung wie ein Lauffeuer verbreitet, Ängste geschürt, Allianzen mit anderen Abteilungen geschmiedet und Gegenmaßnahmen eingeleitet werden, bevor die Unternehmensleitung überhaupt darüber nachdenken kann, ob diese Maßnahme sinnvoll wäre.

Aufgrund begrenzter Komplexitätsverarbeitungskapazität sind wir Menschen gezwungen, Vereinfachungen vorzunehmen und Modelle der Realität anzufertigen, die zumindest die wesentlichen Aspekte abbilden. Die Schwierigkeit ist wiederum herauszufinden, welche dies sind.

Erneut leistet die Interaktion mit den Betroffenen gute Dienste. Sie erlaubt nicht nur eine passende Erfassung von Sinn, Struktur und Zustand, sondern die Systemmitglieder können durchaus gut einschätzen, welche Aspekte hohe Relevanz haben und welche nicht. Dadurch kann es einem Berater gelingen, die wesentlichen Punkte zu erfassen und ein überschaubares Modell zu entwickeln, das dennoch in weiten Bereichen hilfreiche Ergebnisse bringt.

Selbst wenn das Modell die essenziellen Kriterien erfasst, so unterliegt der Berater einer weiteren Einschränkung, denn die zeitliche Komponente vervielfacht die Komplexität einer sozialen Konstellation. Weder im Kopf noch mit Papier und Bleistift wird es ihm in absehbarer Zeit gelingen, Aussagen zu treffen, wie sich die Nachricht mit der Empfehlung zur Auslagerung der Logistikabteilung von Frau Checker über Herrn Roadie zum Chef der Logistikabteilung, dessen Schwager und Geschäftsführer, anderen Abteilungsleitern und zu Mitarbeitern verbreitet und welche Konsequenzen dies hätte. Ist die Logistikabteilung perfekt mit anderen Stellen wie Einkauf und Produktion vernetzt und geachtet, ist die Wirkung einer solchen Nachricht sicherlich anders, als wenn die Logistiker das Image hätten, eine Privilegieninsel zu sein und deshalb abgelehnt würden.

Wie schon ausgeführt, lassen sich zwei bis drei Interaktionsschritte noch gut durchblicken. Interessant wird es aber erst darüber hinaus. Dann kommt jedoch die Schwierigkeit dazu, dass Wirkungen sich aufschaukeln, dämpfen, auf ablehnende Einstellungen stoßen und so weiter. Die Aussagekraft einer solchen Analyse wäre für den Berater enorm wertvoll. Weder er noch die Mitarbeiter könnten aber die nächsten zehn Schritte durchdenken. Will man etwa fünf Interaktionsperioden für fünf Personen beleuchten, wären dies schon 50 zu berücksichtigende übermittelte Nachrichten und bei sechs Personen wären es bereits 75. Darüber hinaus auch noch „Was-wäre-wenn"-Szenarien zu bearbeiten, würde mit Sicherheit den Rahmen manueller Analysen sprengen.

Erfreulicherweise hat sich im Bereich der elektronischen Datenverarbeitung in den letzten Jahren einiges bewegt. Mittlerweile sind Rechenprogramme verfügbar, die Modelle von Netzen abbilden und diese visualisieren. Die Erfassung sozialer Strukturen erfordert nach wie vor zwingend die Einbeziehung der Systemmitglieder. Wenn diese aber bereit sind, ihre Interaktionsbeziehungen kundzutun, lassen sich diese als Netzwerk aus Knoten und Verbindungen elektronisch erfassen wie der Verkehrslinienplan der Londoner U-Bahn. Wie sich aufgrund des Wissens über Haltestellen, Umsteigemöglichkeiten und Fahrzeiten zwischen den Stationen mit heutiger Technologie berechnen lässt, welche Stationen man in einer Stunde vom Piccadilly-Circus aus erreichen kann oder welche die kürzeste Verbindung zum Flughafen ist, so lässt sich auch für in dieser Form abgebildete soziale Strukturen sagen, wie Informationen weitergereicht werden. Im Gegensatz zu unserem U-Bahn-Fahrgast nehmen Informationen aber zahlreiche Wege gleichzeitig und werden je nach Verbindung unterschiedlich aufgenommen. Dennoch kann dies mit geeigneten Modellen berechnet werden.

Eingeschränkt wird das Potenzial einer solchen Berechnung allerdings dadurch, dass Informationen je nach Typus unterschiedliche Wege laufen und auch die Strukturen im Detail einem ständigen Wandel unterworfen sind. Bei jedem Mittagessen in der Werkskantine besteht die Chance, dass sich Mitarbeiter kennenlernen und Informationen austauschen. Ebenso wird eine Information zur Auslagerung der Logistikabteilung wohl auch über andere Kanäle kommuniziert als der wöchentliche Speiseplan.

Die Konsequenz daraus ist, dass Erfassung unter Einbindung der Systemmitglieder und Modellierung beziehungsweise Simulation unter Zuhilfenahme moderner Rechenprogramme zwar eine gute Aussage zum dynamischen Verhalten eines sozialen Systems liefern kann, allerdings ist diese auf ein bestimmtes System, einen bestimmten Zeitpunkt und eine bestimmte Information beschränkt. Jede Abweichung davon erhöht in komplexen Systemen die Fehlerwahrscheinlichkeit erheblich und legt eine Anpassung der Modellparameter nahe.

> Um trotz hoher Komplexität sozialer Systeme sinnvolle Schlüsse zu ziehen, ist eine Einbindung der Betroffenen unumgänglich und eine rechnergestützte Auswertung empfehlenswert. Die so gewonnenen Ergebnisse gelten nur für ein bestimmtes System, einen bestimmten Zeitpunkt und eine bestimmte Information.

Willensfreiheit

Der wohl heikelste Punkt in der Vorhersage des Verhaltens sozialer Systeme ist die Willensfreiheit der Menschen. Selbst wenn diese als Systemmitglieder gewisse Regeln befolgen, bleiben ihnen noch zahlreiche verschiedene Handlungsmöglichkeiten, die den Lauf der Dinge massiv beeinflussen.

Frau Checker muss entsprechend ihrer Stellenbeschreibung wichtige Informationen an ihren Vorgesetzten weiterleiten. Sie wird dies natürlich befolgen. Ob sie aber diese Information davor oder danach an ihren Freund in der Logistikabteilung übermittelt, bleibt davon unberührt. Natürlich könnte es aber auch sein, dass sie aus Loyalität zu ihrem Arbeitgeber oder aus Sorge, gekündigt zu werden, ihrem Freund gar nichts von der geplanten Auslagerung erzählt.

Die Kontingenz, der zufolge Menschen in einer gewissen Weise oder auch anders agieren können, bewirkt eine hohe Unsicherheit in der Vorhersage des Verhaltens sozialer Systeme, denn sie beschränkt sich nicht nur darauf, ob und wie Informationen weitergegeben werden. Ebenso können neue Verbindungen zwischen Personen aufgebaut werden oder auch nicht. Eine stabile Sinndefinition eines sozialen Systems vorausgesetzt, sind damit aber trotzdem Strukturen und Kommunikationsflüsse, vereinfacht gesagt, von der Willkür der Systemmitglieder abhängig. Alle bereits erarbeiteten Faktoren, die eine Vorhersehbarkeit sozialer Systeme ermöglichen würden, wären damit auf einen Schlag ausgehebelt und es stellt sich die Frage, ob das Unterfangen dennoch zielführend sein kann.

Ein weiteres Mal liegt der Schlüssel zur Lösung dieses Dilemmas bei den Mitgliedern. Nur sie können wissen, wie sie sich in einer bestimmten Situation verhalten und ob sie Kontakt zu anderen suchen. Betrachtet man sich selbst, so wird man feststellen, dass man sich dessen aber auch nicht immer so ganz sicher ist. Jeder Mensch wird wohl Momente kennen, in denen er von Zweifeln geplagt war, mit wem er über eine prekäre Situation sprechen soll, oder, um ein erfreulicheres Beispiel anzuführen, wem er über einen persönlichen Erfolg zuerst berichten soll. Wirklich genau weiß man es selbst erst im Nachhinein. Da wir Menschen dazu neigen, Handlungsweisen zu wiederholen, wenn diese nicht besonders negative Wirkungen nach sich zogen, ist dies zumindest ein Anhaltspunkt.

Um modellhaft abzubilden, wie sich Personen angesichts kontingenter Situationen mit hoher Wahrscheinlichkeit verhalten werden, ist es daher notwendig, diese zu befragen, wie sie bestenfalls identische Situationen in der Vergangenheit gehandhabt haben. Sofern dieses Verhalten unangenehme Folgen nach sich zog, ist diese Information auch von Wert, da dieser Alternative in der Zukunft eine geringe Wahrscheinlichkeit zukommt.

Da Probleme in sozialen Konstellationen vor allem durch repetitive Verhaltensweisen zum Ausdruck kommen, ist die Auskunft über die aktuellen Handlungsabläufe der betroffenen Personen Gold wert. Natürlich kann daraus nicht mit absoluter Treffsicherheit auf Verhalten in vergleichbaren Situationen geschlossen werden. Zur Analyse gegenwärtiger Problemfelder und Einschätzung potenzieller Schwierigkeiten ist dies aber meist ein essenzieller Puzzlestein.

> Wie sich Personen in einer bestimmten Situation verhalten, können nur diese selbst und im Nachhinein sagen. Dies ist jedoch ein wesentlicher Aspekt zur Analyse gegenwärtiger Problemfelder und Einschätzung potenzieller Schwierigkeiten.

2.6 Zusammenfassung

Dieses Kapitel behandelte Aspekte, welche die Wahrscheinlichkeit erhöhen, das Verhalten sozialer Systeme stimmig einzuschätzen beziehungsweise zu berechnen. Es war uns aber auch ein Anliegen, jene Faktoren aufzuzeigen, die einschränkend wirken, und ferner darzulegen, was unter diesen Umständen überhaupt vorhergesagt werden kann. Zur besseren Übersicht sind diese Punkte im Folgenden kurz zusammengefasst.

Tabelle 2.1   Aspekte pro Vorhersehbarkeit

Eine Einschätzung erleichtern folgende Aspekte

Beschreibung	Konsequenz
Arbeitsteilung	Zusammenarbeit erzwingt, für andere in den Handlungen vorhersehbar zu sein
Limitierte Kapazität	Die Anzahl sozialer Beziehungen ist für jede Person beschränkt und von individuellen Motivatoren geprägt
Mitgliedschaft in Systemen	Einschränkung der individuellen Handlungsfreiheit, um dem System Rechnung zu tragen
Qualifikation der Mitglieder	Einschränkung der Handlungsfreiheit des Gesamtsystems
Kopplung	Gibt Aufschluss über Beeinflussungsgrad
Struktur und Zustand	Geben Aufschluss über Weiterleitung und Wirkung von Informationen

Tabelle 2.2   Schwierigkeiten in der Einschätzung

Schwierigkeiten in der Einschätzung des Verhaltens

Beschreibung	Konsequenz, Problematik	Maßnahme
Operative Geschlossenheit	Systemsinn, Struktur und Zustand sind Externen nicht zugänglich	Enge Interaktion, überlappendes System bilden
Komplexität	Suboptimale Modelle, Überforderung	Enge Interaktion, überlappendes System bilden, Zuhilfenahme von Rechenprogrammen
Kontingenz der Mitglieder	Unvorhersehbarkeit des Verhaltens, hohe Unsicherheit in der Einschätzung	Befragung der Mitglieder, retrospektive Betrachtung

Zusammenfassung

Die beschriebenen Punkte zeigen deutlich, dass in sozialen Systemen zahlreiche Einflussfaktoren wirken, welche die Handlungsfähigkeit der Mitglieder einschränken und sie dadurch einschätzbar machen.

Aufgrund der operativen Geschlossenheit sozialer Systeme sind diese aber Externen nicht zugänglich. Darüber hinaus reduzieren die meist hohe Komplexität und die Handlungsfreiheit der Akteure die Chance, das Verhalten von Gruppen oder Teams überhaupt vorhersagen zu können.

Durch intensive Interaktion mit den Betroffenen kann es gelingen, für ein bestimmtes System, zu einem bestimmten Zeitpunkt und für einen bestimmten Informationstypus eine Aussage über gegenwärtiges Verhalten zu tätigen und künftige Entwicklungen mit einer veritablen Wahrscheinlichkeit einzuschätzen. Bei Abweichungen von der genannten spezifischen Konstellation ist zwar ebenso noch eine Vorhersage möglich, die Trefferquote reduziert sich aber angesichts der Eigenheiten komplexer Konstellationen erheblich.

Seitens eines Beraters, der Auskunft über das Verhalten sozialer Systeme zu geben versucht, wird dabei ein Höchstmaß an sozialer Kompetenz und enge Zusammenarbeit mit den Mitgliedern gefordert. Ebenso ist er darauf angewiesen, dass sich die Betroffenen bei seinem Vorhaben entsprechend einbringen. Neben dem Aufwand einer korrekten Erfassung der gegenwärtigen Situation ist auch die Modellierung und Simulation potenziellen Verhaltens ein nicht unerheblicher manueller Aufwand, der jedoch durch Rechenprogramme unterstützt werden kann.

In der Einleitung werden die überaus vielversprechenden Chancen und Potenziale einer Vorhersage des Verhaltens eines Teams skizziert. Dieses Kapitel macht jedoch deutlich, dass das Unterfangen sehr umfangreich, fordernd und trotz gewisser Unsicherheiten in seiner Aussage auf eine spezifische Konstellation beschränkt ist. Infolge der damit verbundenen Aufwände stellt sich daher die Frage, ob der Nutzen die Anstrengungen rechtfertigt. Dazu sei gesagt, dass erst die Kombination aus einer erprobten Vorgehensweise mit einer programmgestützten Erfassung und Auswertung diesen Umstand relativiert und die Analyse sozialer Systeme zu einem lohnenden Projekt macht.

Die nachfolgenden Kapitel beschreiben daher einen Weg, der dabei unterstützen soll, mit überschaubarem Aufwand zu einem tauglichen Modell und aussagekräftigen Erkenntnissen für die Praxis zu gelangen.

3 Gruppendynamische Forschung für die Führungs- und Beratungspraxis

3.1 Ursprünge gruppendynamischen Erfahrungslernens

Dass „die Gruppe" überhaupt eine Rolle spielt, musste erst entdeckt werden. Diese Entdeckung war eher ein Zufall. In den 20er Jahren des vorigen Jahrhunderts war in der Industrie die Managementideologie vom sogenannten „Scientific Management" eines gewissen F.W. Taylor bestimmt. Dieser hatte durch akribische Messungen der Bewegungsabläufe von Arbeitern die ersten Rationalisierungspotenziale errechnet. In der Folge wurden die Arbeitsabläufe in Einzelschritte zerlegt, was schließlich durch Henry Ford in Form der Fließbandproduktion zum seither geltenden industriellen Standard wurde.

Als man sich dann daran machte herauszufinden, welche Umstände die Arbeitsleistung tatsächlich beeinflussen, geschah es: Die „Hawthorne"-Studien, ein mehrere Jahre dauerndes Forschungsprogramm, durchgeführt von Mayo, Roethlisberger und Dickson in der „Western Electric Company" in Chicago, erbrachte unerwartete Ergebnisse, die nicht mit den Hypothesen übereinstimmten, gefolgt von einem „Erklärungsnotstand". Die Experimente waren damals alle einem Input-Output-Denken verhaftet. Man variierte Faktoren auf der Input-Seite (z. B. Akkordlohn statt Stundenlohn) und zählte ab, wie sich dies auf der Output-Seite (Arbeitsleistung gemessen in Fertigungsstückzahlen) auswirkte. Manchmal gab es Leistungssteigerungen, die man sich erklären konnte, dann wieder solche, die völlig unerwartet waren, und manchmal senkte sich der Leistungspegel, obwohl man erwartet hatte, dass er steigen würde. Was zunächst nicht beachtet wurde, war der (damals noch gar nicht bewusste oder so bezeichnete) „Throughput". Auf der Suche nach passenden Erklärungen für die unerwarteten Ergebnisse entdeckte man, dass sich die an den Experimenten teilnehmenden Arbeiterinnen und Arbeiter nicht wie Objekte verhielten, die individuell und untereinander kommunikationslos durch die Experimente gesteuert werden konnten. Vielmehr besprachen sie sich – in den Pausen, vor und nach den Experimenten – und bildeten zu den jeweiligen Vorgängen eine Meinung, die sich in der Konsequenz je nach Lage leistungssteigernd oder auch leistungshemmend auswirkte.

Schuld an den unvorhersehbaren Ergebnissen war also „die Gruppe". Die Meinungen und die Standards, die in den Gruppen entstanden sind, wurden als ein Faktor erkannt, der betriebliche Abläufe stark beeinflusst und den man deshalb besser nicht ignoriert, vor allem nicht als Führungskraft. Etwas missverständlich sprach man dann von zwischenmenschlichen Beziehungen („human relations"), woraus eine ganze Bewegung wurde, die zu einer eingehenden Thematisierung des (angebrachten und unangebrachten) Verhaltens von Leitenden führte. Dass man hier immer noch mit einer Blickbeschränkung (auf die Person der Führungskraft) arbeitete, wurde durch die Gruppendynamik als junges wissenschaftliches Fach deutlich. Die ersten Ideen dazu, die ihren Ausgang von einflussreichen Forschungen Kurt Lewins nahmen, kamen zu Beginn des Zweiten Weltkrieges auf. Die große Zeit der Kleingruppenforschung begann (nach einer kriegsbedingten Pause in der Entwicklung der Sozialwissenschaften) in den 60er Jahren (zur Entwicklung der Gruppendynamik als Wissenschaft s. Krainz 2008).

Jede Gruppe ist dabei – Lewin war Physiker – von einem „Kraftfeld" bestimmt, die Handlungen der einzelnen Individuen sind in diesem Kraftfeld gleichsam Vektoren, die ein dynamisches Gleichgewicht erzeugen. Im Ergebnis sorgen die interaktiven Bezüge der Gruppenmitglieder untereinander dafür, dass sich eine Struktur mit einem Zentrum und einer Peripherie ergibt. Man ist dann z. B. in einer Gruppe Kernmitglied, Randmitglied oder im Mittelfeld. König & Schattenhofer (2006, S. 34ff) folgend kann das, was „Zentrum" beziehungsweise „Peripherie" ausmacht, unter drei Gesichtspunkten beziehungsweise Polaritäten gesehen werden. Man ist drinnen oder draußen, oben oder unten, nah oder fern – und das alles nicht im Sinne einer Entweder-oder-Entscheidung, sondern mehr oder weniger.

Drinnen/draußen betrifft die Zugehörigkeit, nicht als organisatorisch objektiver Sachverhalt, sondern als „Gefühl". Man hat sowohl in Bezug auf sich selbst als auch in Bezug auf andere das Gefühl, ob beziehungsweise wie sehr man selbst oder andere zur Gruppe gehören oder nicht. Oben/unten betrifft die Dominanzskala, d. h., wer etwas zu sagen hat, wer einflussreich ist, an wessen Meinung sich die anderen ausrichten, wer maßgeblich für Entscheidungen ist und so weiter; aber auch im Gegensatz dazu, wer eher mitläuft, Auseinandersetzungen aus dem Weg geht, sich leicht beeinflussen lässt etc. All das kann dann auch noch themenabhängig sein, was mit persönlicher Expertise zusammenhängt. Man lässt sich vielleicht alles Mögliche einreden, aber in dem Fach, das man repräsentiert, beansprucht man Autorität, die auch anerkannt wird. Nah/fern schließlich betrifft das Engagement, mit dem man an einer Gruppe mitwirkt, welche Offenheit gepflegt wird, wie ernst man andere nimmt, wie sehr man sich einlässt, Vorgänge wichtig nimmt u. a. m.

Die drei Dimensionen sind in der Praxis verschränkt und nicht immer leicht auseinander zu bringen. Sie hängen zusammen und beeinflussen sich wechselseitig. Wenn man z. B. mit einem Punkt, an dem einem viel liegt, in der Gruppe nicht durchkommt, wird man in der Dominanzskala herabgestuft und verliert als Reaktion möglicherweise das Interesse an der Gruppe. Umgekehrt kann eine beiläufig geäußerte Idee, wenn sie (fast wider Erwarten) in der Gruppe auf großes Interesse stößt, beim Ideenlieferanten ein größeres Engagement auslösen, was ihn positionell aufwertet, weil er für die Gruppe wichtiger wird. Eine gegebene Gruppensituation kann daher, wenn man sie in Begriffen von Zentrum und Peripherie veranschaulicht, z. B. so aussehen:

Abbildung 3.1 Gruppe als Kraftfeld

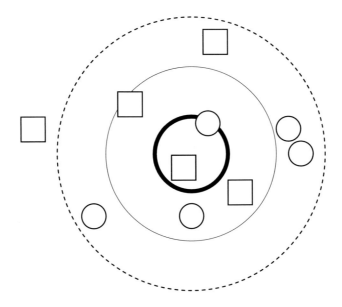

Diese fiktive Gruppe ist gemischtgeschlechtlich (Quadrate männlich, Kreise weiblich), wobei nicht nur Nähe und Distanz zum Kern der Gruppe eingezeichnet sind, sondern auch zueinander. Zwei Personen führen in diesem Beispiel Regie, einer ist gerade noch dabei, dazwischen verteilen sich die anderen Mitglieder. Wie in den weiteren Ausführungen gezeigt wird, ist insbesondere das Beziehungsgeflecht noch detaillierter darstellbar.

Der Erfahrungshintergrund, von dem aus wir hier berichten, wird durch die langjährige Entwicklungsarbeit an der Universität Klagenfurt geliefert. Als eine der wenigen Universitäten hat Klagenfurt es geschafft, die Gruppendynamik in Verbindung mit Organisationsentwicklung so zu verankern, dass der Fachbereich von verschiedenen Richtungen her kombiniert werden kann. Im Grunde ist Gruppendynamik als hochgradig anwendungsorientierte Sozialwissenschaft für alle Fachrichtungen (und spätere berufliche Verwendungen) interessant, in denen die Prozesse der Leistungserbringung vom Gelingen der Kommunikation zwischen verschiedenen Funktionsträgern abhängen. Die Laboratorien (Trainingsgruppe und Organisationslaboratorium) werden international beachtet, und da die Gruppendynamik sinnvollerweise auch in verschiedenen beruflichen Weiterbildungsprogrammen platziert ist, kommt meist (durchaus beabsichtigt, zur Vermeidung von „Monokulturen") eine bunte Mischung interessierter Personen zusammen, Berufstätige aus verschiedenen Feldern (Führungskräfte, Projektmanager, Personen aus Beratungsberufen) und Studierende unterschiedlicher Fachrichtungen.

Im Weiteren wird vor allem auf die soziometrischen Aspekte der Veranstaltungen eingegangen. Zur Gesamtphilosophie des Erfahrungslernens in Laboratoriumssettings siehe Krainz 2005a; Informationen über Veranstaltungen sind über das „Institut für angewandte Gruppendynamik" (IFAG), www.ifag.at, erhältlich.

3.2 Soziometrische Analysen in Gruppen

Das wichtigste Instrument zur Erforschung solcher Verhältnisse ist die gruppendynamische Trainingsgruppe („T-Gruppe"). Das Setting ist dabei folgendermaßen: Für die Zeitdauer von einer Woche kommt eine größere Anzahl von Personen zusammen (der institutionelle Zusammenhang wird durch Aus- und Fortbildungsprogramme hergestellt) und wird zu Gruppen (nicht größer als 13, nicht kleiner als sieben Mitglieder) zusammengestellt, wobei die Gruppenmitglieder einander möglichst wenig bekannt sein sollen; im Idealfall sind sie einander völlig fremd. In der Regel werden zwei bis sechs Gruppen parallel geführt. Die Aufgabe ist für alle Gruppen die gleiche: Es geht darum, die Gruppe, in der man sich befindet, in ihrer Entwicklung zu beobachten, zu beschreiben und zunehmend zu beeinflussen. Gewissenmaßen im Selbstversuch lernt man am eigenen Beispiel, wie Gruppen funktionieren.

Der Lernwert solcher Bemühungen ist ein mehrfacher. Da sich Organisationsleistungen fast nur mehr über das Mittel der Gruppe erbringen lassen – Einzelperformance tritt zunehmend in den Hintergrund –, ist das Wissen um die spezifischen Gesetzmäßigkeiten, denen Gruppen folgen, von höchster Relevanz. Darüber hinaus ist für alle wissenswert, welchen Einfluss eine Gruppe auf das eigene Verhalten hat, wie man sich selbst in der Gruppe bewegt, welche Phänomene dies erzeugt und wie man sich in dem dynamischen interaktiven Geflecht, das das Gruppengeschehen ausmacht, bewegt und bewährt. Gruppenprozesse werden gleichzeitig erlebt und beobachtet, man erhält Feedback zum eigenen Gruppenverhalten und man lernt, wie der Gruppenprozess und die eigene Position darin miteinander zusammenhängen.

Bis die Gruppen im Laboratorium als rekursives Lernsystem auf die Beine kommen, d. h. erlernen, über sich als Gruppen nachzudenken, haben sie einige Herausforderungen zu bewältigen. Unterstützt werden sie in ihrem Bemühen, alle in der Gruppe vorkommenden und relevant erscheinenden Phänomene zu besprechen, also Gruppenprozesse zu analysieren und zu diagnostizieren, von einer Trainerin oder einem Trainer. Die im Gruppenprozess auftauchenden Themen betreffen z. B. die Herausbildung und Veränderbarkeit individueller Rollen und Funktionen in Gruppen, die Entstehung von Normen und Standards, die Bedeutung von Einfluss und Vertrauen als strukturbildende Elemente des sozialen Geschehens, Konflikte in Gruppen, die Bedeutung von Feedback für individuelles und kollektives Lernen, die Entstehung und Bedeutung von Autorität und Führung in Gruppen, Phasen der Gruppenentwicklung u. a. m.

Ein Mittel, das im Prozess Klarheit bringt, ist die Aufnahme von Soziogrammen. Hier ist von der Leitung her eine Zeitkomponente zu beachten – es muss schon einiges an Prozess geschehen sein, damit man sich darauf beziehen kann, und es muss nach der Aufnahme und Bekanntgabe des Soziogramms genügend Zeit für die Durcharbeitung vorhanden sein. Das Trainerverhalten ist normalerweise zurückhaltend, weil man der Gruppe nicht zu viel an Orientierung liefern soll, sonst kann sie sich nicht entfalten. Anders ist es beim Soziogramm, dessen Aufnahme in strukturierter Weise erfolgen muss, sodass Trainer vorübergehend zu Moderatoren werden und auch selbst beim Soziogramm mitmachen, also wählen und auch gewählt werden können.

Es gibt verschiedene Möglichkeiten, soziometrische Untersuchungen von Gruppen vorzunehmen. In den Klagenfurter Trainingsgruppen machen wir das meist folgendermaßen: Nach etwa zwei Tagen Gruppenprozess erhalten die Gruppenmitglieder die Instruktion, sich zunächst einmal mit drei Zetteln zu versorgen, um dann nach und nach drei Fragen (mit jedem Zettel eine Frage) individuell zu beantworten.

1. Wer hat am meisten Einfluss auf das Geschehen in der Gruppe, gleichgültig, ob mir dieser Einfluss gefällt oder nicht?
2. Wem vertraue ich am meisten?
3. Wer irritiert mich am meisten?

Auf die Zettel schreibt man zunächst den eigenen Namen (als Absender) und die Kategorie, um die es in der Frage geht (Einfluss, Vertrauen, Irritation), sodann drei Namen (ohne Reihenfolge) anderer Gruppenmitglieder (als Adressaten). Durch die Fragen wird man also gezwungen, eine Auswahl zu treffen und Unterscheidungen zu machen. (Nach zwei Tagen Gruppenprozess hat auch niemand mehr die Vorstellung, die manchmal zu Beginn einer Gruppe aufkommt, dass alle gleich sind und man daher keine Unterschiede machen könne.) Daraufhin werden die Zettel nach Kategorie eingesammelt, ausgewertet und für jede Frage wird ein Flipchart gezeichnet.

Zunächst zeichnet man die Gruppenmitglieder wie die Stunden am Ziffernblatt einer Uhr in Kreisform auf. Von jeder Person führen dann entsprechend den gegebenen Antworten auf die jeweilige Frage drei Richtungspfeile zu den jeweiligen Ausgewählten. Im Laufe der Zeit ergibt sich dann ein dichteres Netz von Pfeilen (insgesamt zwölf mal drei, also 36 Pfeile). Dabei zeigt sich früher oder später, dass es auch wechselseitige Wahlen gibt. Solche wechselseitigen Wahlen, bei denen also die Pfeile hin und her gehen, werden mit einem dicken Strich kenntlich gemacht. Zuletzt wird abgezählt und verzeichnet, wie viele Pfeile bei jeder Person ankommen.

Wenn die Prozedur für alle drei Fragen (hier ist arbeitsteilig vorzugehen; spontan gebildete Untergruppen übernehmen die Ausarbeitung) durchgeführt ist, liegen drei Charts zur allgemeinen Betrachtung vor. Zunächst ist man mit der individuellen Verarbeitung der doch ziemlich komplexen Datenfülle beschäftigt, erhellt vielleicht gewisse Unklarheiten, fokussiert auf sich selbst und die eigenen Ergebnisse und beginnt dann sukzessive mit der Besprechung derselben.

Fallbeispiel interkulturelle Trainingsgruppe

Die Grafik zeigt das Vertrauenssoziogramm einer Gruppe, die wir kürzlich in Klagenfurt als „interkulturelle T-Gruppe" angekündigt und durchgeführt haben. Zwei Gruppen (von insgesamt acht parallel laufenden Trainingsgruppen) wurden in englischer Sprache abgehalten; die Mitglieder kamen „aus aller Herren Länder" und es gab eine Auswahl von Einheimischen, die sowohl aus inhaltlichem Interesse bei den Interkulturellen mitmachen wollte als sich auch sprachlich als kompetent genug einschätzte (in den anderen sechs Gruppen, obwohl teilweise ebenfalls geografisch nicht besonders homogen, wurde deutsch gesprochen).

Abbildung 3.2   Vertrauenssoziogramm

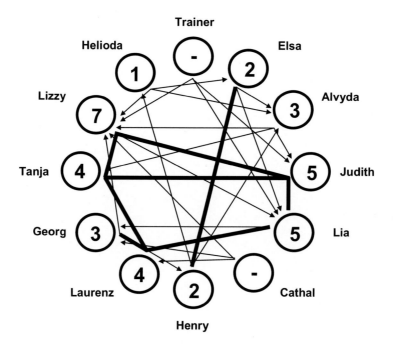

Hier sieht man also das dichte Netzwerk von Pfeilen, wer wen vertrauenswürdig fand (oder nicht besonders). Was sofort auffällt, ist der Umstand, dass zwei Personen leer ausgegangen sind. So etwas ist immer Anlass zur Besorgnis, wobei der Vertrauensmangel gegenüber dem Trainer in T-Gruppen relativ häufig vorkommt, weil sich Trainer selten erwartungskonform verhalten, was bei manchen Gruppenmitgliedern für Misstrauen sorgt. (Würden sie das tun, hätte das Sicherheitsbedürfnis der Gruppenmitglieder Oberhand gewonnen, was auf Kosten möglicher Aha-Erlebnisse geht. Man ist als Teilnehmer dann vielleicht zufriedener, hat aber kein „Futter zum Nachdenken" erhalten.) Außerdem sieht man, dass eine Untergruppe von Frauen (Lizzy, Judith, Lia) nahezu die Hälfte des verfügbaren Vertrauens auf sich vereint. Die dicken Striche bezeichnen jene Beziehungen, bei denen das Vertrauen wechselseitig ist („Doppelbindungen").

Wenn die drei Charts für Einfluss, Vertrauen und Irritation vorliegen, dauert es einige Zeit, bis man die Informationsmenge einigermaßen für sich sortiert und die aus der jeweils individuellen Sicht wichtigsten Kommentare gegeben und Fragen gestellt hat. Danach kann man von den individuellen Betroffenheiten ausgehend mehr und mehr auf die Gruppenstruktur Bezug nehmen. Ob dies gelingt, ist abhängig von der Interventionsstrategie der Trainer; vielfach bleiben Gruppen hier, wenn keine Gegensteuerung erfolgt, in einem Modus hängen, der im Jargon gerne „Beziehungsklärung" genannt wird. Individuelle Befindlichkeiten sind sicherlich wichtig und verdienen ihren Platz, es ist aber letztlich die Struktur, die eine Gruppe ausmacht und die „Bedingung der Möglichkeit" jeglichen individuellen Befindens liefert.

Hier sind sowohl die „Doppelbindungen" (die wechselseitigen Wahlen) von Bedeutung als auch die Häufigkeit der Nennungen in den drei Kategorien. Die Kategorie Irritation bringt dabei strukturell wenig Zusatzinformation, weil sie in der Regel gewissermaßen das Negativ zum Vertrauenssoziogramm bildet. Wenn man dieses dann mit dem Einflusssoziogramm vergleicht, wird es interessant, ob Personen mit viel Einfluss auch viel Vertrauen zugesprochen wird (Von denselben Personen? Von anderen Personen?) oder ob sich die Einflussreichen eines geringen Vertrauens „erfreuen" und umgekehrt die Vertrauenswürdigen einflusslos sind. Jede Form von Kombination ist interessant und gibt Aufschluss über die Gruppenverhältnisse.

Im Übrigen ist es keineswegs für alle gleichbedeutend, was Einfluss, Vertrauen oder Irritation genau heißt. Nachdem aber die soziometrische Messung nicht als Messung interessant ist, sondern vor allem als Stimulus, den möglichen Bedeutungen nachzugehen (d. h. Erklärungen zu geben und zu erfragen), gibt es in jedem Fall viel zu besprechen. **Abbildung 3.3** zeigt die wechselseitigen Wahlen in den Kategorien Vertrauen und Einfluss. Die Details, das Wirrwarr der gesamten Nennungen und Pfeile, wurden weggelassen. Diese Reduktion der Information in der Darstellung ist schon eine Abstraktion in Richtung Struktur.

Wie man an den Zahlen sieht, ist der Einfluss noch schlechter verteilt als das Vertrauen. Auf die drei „Einflussführer" entfallen ca. 70 % des Einflusses (bei den drei „Vertauensführern" sind es „nur" ca. 50 %) und fünf Personen haben gar keinen Einfluss. Dazu kommt, dass wechselseitiges Vertrauen eine relativ eindeutige Angelegenheit ist, nicht so verhält es sich bei wechselseitigem Einfluss. Eine Doppelbindung beim Einfluss kann wechselseitige Anerkennung und Respekt ausdrücken, aber auch Konkurrenz und Konfliktanfälligkeit.

Abbildung 3.3 Doppelbindungen Vertrauen und Einfluss

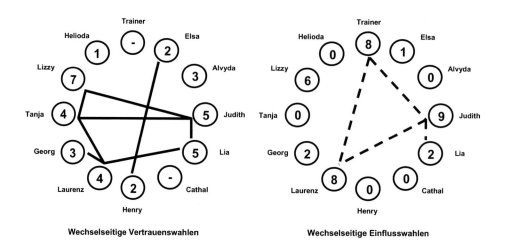

Wenn im Wahlverhalten Einfluss mit Vertrauen gepaart ist, dann bedeutet dies etwas anderes, als wenn Einfluss mit Irritation einhergeht. Im ersten Fall wird man dem Einfluss der gewählten Person folgen, im zweiten Fall wohl eher skeptisch sein (mindestens). Wenn nun Einfluss und Vertrauen hin und her gehen, dann hat man eine „Achse" vorliegen (im obigen Bild gibt es nur einen solchen Fall, nämlich die Verbindung von Judith und Lia). Die beiden, die so miteinander verbunden sind, werden sich eher unterstützen als konterkarieren, die eine Person kann sich auf die andere „verlassen". Solche Achsen bilden häufig den Kern einer Gruppe, um welchen herum sich dann alles andere konstelliert. Gibt es zwei solcher Achsen (was in der hier beschriebenen Gruppe nicht der Fall ist), dann besteht – sofern die beiden Achsen nicht miteinander verbunden sind – die Gefahr einer gewissen Lagerbildung und Gruppenspaltung, jedenfalls ein Konfliktpotenzial.

Durch das Nebeneinanderlegen beider Soziogramme, auch wenn man alle einzelnen Pfeile weglässt, hat man trotzdem noch keinen guten Überblick. Daher versucht man sich an der Erstellung einer Zeichnung, in der die Doppelbindungen beider Beziehungstypen, Einfluss und Vertrauen, möglichst übersichtlich (z. B. „kreuzungsfrei") dargestellt sind. Die „allein stehenden" Individuen verteilt man dann im Bild möglichst sinnvoll. Hier ist beim Zeichnen eine gewisse Kreativität erforderlich. Meistens muss man mehrere Anläufe unternehmen, bis die Zeichnung fertig ist. In das Zeichnen geht daher bereits eine gewisse interpretative Willkür ein, die aber deshalb nicht so tragisch ist, weil man jederzeit „umzeichnen" kann, wenn sich bei der Besprechung neue Aspekte ergeben.

Abbildung 3.4 Strukturbild der Gruppe, Einfluss und Vertrauen wechselseitig

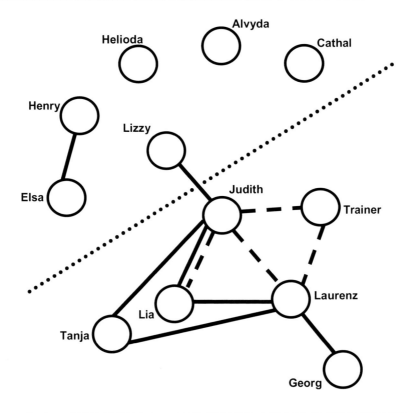

So ergab sich die von links unten nach rechts oben führende punktierte Linie erst im Laufe der Diskussion der Soziogrammergebnisse. Diejenigen mit dem meisten Einfluss haben sich alle wechselseitig gewählt (Dreieck Judith, Laurenz, Trainer). Der Grund für diese Verhältnisse war hauptsächlich ein frühes verbales „Gefecht", das Laurenz gegen den Trainer geführt hatte. Andere haben sekundiert (Georg, der sich aber später zurücknahm und Laurenz das Streiten überließ), viele waren verschreckt oder zumindest abwartend (alle Einflusslosen), lediglich Judith hat sich davon nicht besonders beeindrucken lassen und, sekundiert von Lia, mit Lizzy ein eigenes Spiel aufgezogen, sozusagen in der „zweiten Welle". Diese war (vor allem als Kontrastprogramm zur ersten) vertrauenerweckender als die vor allem auf Positionierung ausgerichtete erste Welle von Aktivitäten.

Dies ist im Übrigen ein durchaus verbreitetes Muster der Gruppenentwicklung. Zuerst gibt es eher machtkampfartige Auseinandersetzungen, danach tritt eine Erschöpfung der Kämpfenden ein, was der Profilierung anderer Personen Raum gibt. Diese entwickeln ein anderes Profil und werden zu Vertrauensträgern. Dieses zeitliche Strukturmuster hat sogar eine gewisse geschlechtsspezifische Schlagseite. Die „erste Welle" ist beinahe klassisch

„männlich", in der „zweiten Welle" tauchen dann die Frauen auf. Die hier beschriebene Gruppe entsprach jedenfalls diesem Muster.

Und als die Gruppe über diesen Ergebnissen brütete, verschiedenste Details der Abläufe erinnerte und in einen sinnvollen Gesamtzusammenhang brachte, auf diese Weise ihre eigene Geschichte schreibend, fiel jemandem auf, was dann mit der Linie quer durch das Bild gekennzeichnet ist. Oberhalb derselben finden sich nämlich alle Ausländer, unterhalb das Österreicherpaket. Zwar befand sich in diesem mit Lia auch eine Teilnehmerin aus Deutschland, die aber einen halben Einwandererstatus hatte. Genau müsste man also sagen, dass sich unterhalb der Linie jene befanden, die Deutsch als Muttersprache hatten, während oberhalb der Linie niemand die gleiche Muttersprache hatte.

Das erste Erschrecken bezog sich darauf, dass nur die „Eingeborenen" (mit Ausnahme von Lizzy) im Wesentlichen das Geschehen bestimmten und dominierten, während die „Ausländer" – ja was? – auch dabei waren. Die Rückblende auf die Ausgangsmotivation, aus Interesse am Multikulturellen an einer internationalen Gruppe teilzunehmen, war etwas blamabel. Denn bei der soziometrischen Zwischenbilanz stellte sich heraus, dass aufgrund des Verhaltens der Einheimischen die „internationals" nichts zu melden hatten. Um so zu sein, wie man eben gewesen war, dazu hätte es keine Ausländer gebraucht, das hätte man auch ohne solche haben können, und auf Deutsch. Nach einer Zeit der (ernsthaft reumütigen) Selbstverdächtigung in Richtung Xenophobie ergab sich eine Entspannung der Verhältnisse durch die genauere Beachtung der einzelnen „internationals" und ihrer Einflusslosigkeit.

Das lenkte das Interesse nun doch wieder in die Richtung der ursprünglichen Motivationslage. Dabei richtete sich die Aufmerksamkeit auf die Namen, mit denen es eine eigenartige Bewandtnis hatte. Namen sind ja nicht unwesentliche Identitäts„markierungen", und in der Tat waren einige ungewöhnlich: Cathal war aus Irland, sein Name ist gälisch; Alvyda war eine Litauerin mit einem ostpreußischen Namen; Helioda war eine Französin mit griechischem Namen; Henry war Italiener mit einem englisch ausgeprochenen Namen (der hätte auch französisch sein können, jedenfalls aber war er nicht italienisch); Elsa war Mexikanerin (Name sozusagen unauffällig). Zufällig oder nicht – einflusslos unter den Ausländern waren jedenfalls alle „with the awkward names".

Im Strukturbild der Gruppe sieht man die wechselseitige Vertrauensbeziehung zwischen Henry und Elsa (die beiden unterhielten sich im Informellen teilweise in einem Italienisch-Spanisch-Gemisch. Die Nachbarschaft von Henry und Helioda ist auch nicht zufällig („french-italian-connection", die „Romanen"). Am weitesten draußen war Alvyda, die sich in keiner Art von „nationaler" Allianz einbauen konnte. Cathal sympathisierte ein wenig mit dem Trainer (beide stiegen bei der Vertrauensmessung mit null aus und gründeten den „club of the untrustworthy"). Im Übrigen war der Umstand, dass er der einzige „native speaker" (mit Englisch als Muttersprache) war, wegen des starken Akzents und seiner persönlichen Zurückhaltung kein „Vorteil".

Lizzy schließlich war Chinesin, die in Wirklichkeit überhaupt nicht Lizzy hieß. Die gängige Erfahrung mit Leuten aus dem Westen hat dazu geführt, dass sich Chinesen im Allgemeinen „der Einfachheit halber" Nicknames zulegen, die die Kommunikation erleichtern sollen. Dann müssen sich die „people in the west" nicht mit den schwer aussprechbaren chinesischen Namen plagen. Plötzlich wurde die überaus freundliche und entgegenkommende Art, die das Verhalten von Lizzy immer kennzeichnete, mit einer leichten Zurückhaltung quittiert. Misstrauen kam auf. Wenn sich jemand einen „falschen" Namen zulegt, als wie authentisch und echt ist dann dessen Verhalten einzustufen? Die Erörterung führte zu einem gewissen Kredit- und in der Folge Statusverlust von Lizzy, die dann erzählte, sie hätte sich schon von „ihren Leuten" anhören können, dass „Lizzy" auch zu infantil sei, „Elisabeth" sei angemessener. Also gleich mehrere Probleme auf einmal, denn tatsächlich war aus der Resonanz auf Lizzys Verhalten herauszulesen, dass man sie „niedlich" fand. Die Verwegensten in der Gruppe bestanden dann darauf, den chinesischen Namen mitgeteilt zu bekommen, was in der Folge zu einigen Sprachübungen führte.

Zusammenfassend ist zu sagen, dass solche Erörterungen durch die soziometrischen Untersuchungen und ihre gekonnte Aufbereitung ermöglicht und stimuliert werden. Und genau darum geht es im Setting der T-Gruppe: Man wird sich selbst als Gruppe besser zugänglich, es entsteht ein höheres Bewusstsein von sich selbst als Gruppe, man erlernt Impulskontrolle (Laurenz hält seine Angriffslust in Zaum), man entwickelt eine größere Angstfreiheit (die Stillen erschrecken sich nicht mehr vor den Lauten) und das Interesse aneinander wird ehrlicher und weniger „taktisch".

3.3 Soziometrische Analysen in Organisationen

Die Organisationen, die uns bekannt sind, in denen wir leben und arbeiten und von denen wir betroffen sind, kennen wir vor allem in ihren strukturierten Formationen der horizontal aufgefächerten Arbeitsteilung und der vertikal gegliederten Abstufung hierarchischer Machtbefugnisse. („Macht" in Organisationen ist gleichbedeutend mit Entscheidungen; Machtbefugnisse sind also Entscheidungsbefugnisse.) Diese offizielle Struktur einer Organisation steht einer anderen, verborgeneren, inoffiziellen Struktur gegenüber, der sogenannten „informellen". Wie die „formelle" Struktur wirkt auch die informelle bestimmend darauf, was in einer Organisation geschieht, bisweilen unterstützt sie die formelle Struktur, bisweilen kommt sie ihr in die Quere, selten ist sie neutral. Die informelle Struktur besteht aus einem Geflecht engerer und loserer emotionaler Bindungen von Personen aneinander, sodass sich in einer gegebenen Population eine Anzahl größerer und kleinerer Gruppierungen ergibt.

Die Organisation „besteht" also nicht nur aus Individuen, wie manchmal gesagt wird, auch nicht nur aus den formalen „aufbauorganisatorischen" Strukturen und Funktionsbereichen, sondern auch aus einem weniger offensichtlichen Netzwerk von Beziehungen, welches die Dynamik der Organisation ausmacht. Die informellen und bis zu einem gewissen Grad auch die formellen Substrukturen sind alle emotionsbasiert, sozusagen Vertrauenssache. An dieses emotionale „Unterfutter" heranzukommen ist im Normalfall nicht leicht. Auch für den Organisationskontext haben wir eine experimentelle Lernform entwickelt, in der wir mit soziometrischen Methoden arbeiten: das Organisationslaboratorium. Man lernt über Organisation, indem man sich organisiert, sich als Organisation also entwickelt, beobachtet, verändert und schließlich steuert. Dabei kann dem Wechselverhältnis von unbeachtet sich bildenden emergenten sozialen Gefügen und den bewusst gesetzten organisatorischen Handlungen nachgegangen werden, vor allem aber den Systementscheidungen, also jenen Meta-Entscheidungen, die den Entscheidungsmodus selbst betreffen.

Im Organisationslaboratorium nehmen etwa 80 bis 120 Personen teil, wie bei der T-Gruppe dauert auch dieser Veranstaltungstyp eine Woche. Es stellt ein Lernarrangement zur Verfügung, in dem Organisation sowohl hergestellt als auch in ihren Abläufen reflektiert werden kann. Dabei geht es weniger um die Dynamik innerhalb überschaubarer Untergruppen (das ist Gegenstand der T-Gruppe), auch nicht primär um sogenannte Großgruppenprozesse, sondern um die Dynamik zwischen Gruppen, um die Herstellung gruppenübergreifender Kooperation und die Möglichkeiten beziehungsweise Schwierigkeiten der Steuerung größerer sozialer Verbände.

Die Vorgaben durch die Veranstaltungsleitung beziehen sich zunächst nur auf den organisatorischen Rahmen, innerhalb von welchem sich jene Prozesse entfalten, die ein Verständnis davon ermöglichen, was Organisation wirklich ist. Inhaltlicher wie prozessualer Gegenstand des Organisationslaboratoriums sind der Umgang mit Hierarchie beziehungsweise notwendiger Hierarchisierung, den Bedürfnissen danach, geführt zu werden (und deren Frustration) auf der einen Seite, mit Wünschen nach Einbindung, Mitgestaltung und Mitbestimmung (und deren Frustration) auf der anderen. Daraus ergeben sich Auseinandersetzungen um die Machtfrage im Allgemeinen und Möglichkeiten der konkreten Einflussnahme auf Entscheidungen in der sich bildenden Organisation im Laboratorium im Besonderen. Fokussiert werden Probleme der (gemeinsamen) Willensbildung, des Repräsentantentums, der Delegation, der Kontrolle sowie die daraus resultierenden kollektiven und teilkollektiven Stimmungslagen, welche die Kultur und die Subkulturen der Organisation ausmachen. Je nach Akzentsetzung und beeinflusst durch die sonstigen Organisationserfahrungen der Teilnehmenden eröffnen die Geschehnisse in der Laboratoriumsveranstaltung Vergleichsmöglichkeiten und ein darauf gründendes besseres Verständnis von einerseits politischen Prozessen und andererseits jenem Handlungsfeld, das man Management nennt.

Welche Interventionsmöglichkeiten die Veranstaltungsleitung in einem solchen Setting hat, kann hier im Detail nicht ausgebreitet werden. Eine davon ist jedoch die Soziometrie. Allerdings kann man hier nicht mehr „per Hand" arbeiten, die Komplexität ist viel zu hoch, die zu bewältigenden Datenmengen sind enorm. Wir haben daher ein Computersoziogramm entwickelt, das „Gruppen-Organisations-Soziogramm", das eine Strukturanalyse großer Populationen erlaubt. „Wir" heißt in diesem Fall Uwe Arnold, der den Algorithmus entwickelt hat, Gert Kadunz, der die Programmierung übernahm, und Ewald Krainz, dem die „usability tests" oblagen.

Der Ausgangspunkt der Überlegung ist dabei, dass jede Person so etwas wie einen psychologischen Raum um sich hat (die Sprache verwendet hier topische Metaphern), sodass man andere Menschen „in die Nähe" lässt oder lieber „auf Distanz" hält. Intimität ist dadurch definiert, dass man weniger Geheimnisse voreinander hat als gegenüber Leuten, die „weiter weg" sind. Hat man eine „Grenze" überschritten, ist man jemandem „zu nahe getreten", löst das „Abgrenzungen" und „Zurückweisungen" aus. Um einmal die Metaphorik zu wechseln – wenn bei klarem Himmel, aber hoher Luftfeuchtigkeit der Vollmond scheint, dann hat dieser einen „Hof". Je weiter weg vom Kern, desto schwächer wird die Lichtwirkung. In diesem Sinn kann man sagen, dass jeder Mensch andere danach unterscheidet, wie weit man sie gleichsam zum hellen Kern lässt.

Wieder arbeitet die Soziometrie hier mit der Vertrauensfrage. So differenziert man, wenn man sich die Frage „Wem vertraue ich?" stellt, zwischen solchen Personen, die in Frage kommen und solchen, bei denen man nicht auf diese Idee kommen würde. Und bei den in Frage kommenden differenziert man nochmals: „Wem vertraue ich?" und „Wem vertraue ich besonders?" Die Datenerfassung erfolgt so, dass jede Person eine mit Codenummern versehene Namensliste aller Teilnehmenden erhält und nach Kenntlichmachung des eigenen Namens ganz nach Gefühlslage bei den in Frage kommenden Personen die Zahl 1 für „Wem vertraue ich?" und die Zahl 2 für „Wem vertraue ich besonders?" dazuschreibt. Die anderen Personen auf der Liste werden nicht gekennzeichnet. Die Rohdaten werden eingegeben, woraus sich dann eine mehr oder weniger dichte Datenmatrix ergibt, die dann berechnet wird.

Der Algorithmus beruht auf der Wahrscheinlichkeitsrechung. Die Wahrscheinlichkeit, dass eine Person aus einer Dreiergruppe eine der beiden anderen Personen dieser Dreiergruppe wählt, ist 50 % beziehungsweise 0,5; in einer Vierergruppe wäre sie ein Drittel und so weiter. Je mehr Personen in einer Population zur Auswahl zur Verfügung stehen, desto unwahrscheinlicher wird jede einzelne bestimmte Wahl. Noch einmal unwahrscheinlicher wird es, dass man selbst zurückgewählt wird, und dass bestimmte Konstellationen auftauchen, vergrößert die Unwahrscheinlichkeit ein weiteres Mal. Wenn z. B. eine Gruppe von fünf Personen in einer größeren Population entscheiden würde, dass sie nur einander wählen, aber niemanden außerhalb ihrer Fünfergruppe, dann hätte diese Gruppe eine höchstmögliche Kohäsion (= Zusammenhalt, Bindung), in Begriffen von Wahrscheinlichkeit ein höchst unwahrscheinlicher Fall. Unwahrscheinlichkeit wird hier zu einem Maß für die Bedeutung eines bestimmten Wahlverhaltens. Wenn dagegen ein Mitglied dieser Fünfer-Gruppe „ausschert" und nur Personen außerhalb der Gruppe wählt, dann wird sie im Rechenergebnis nicht als Mitglied der Fünfergruppe erscheinen, obwohl sie von allen gewählt wurde. Aktiv zu wählen ist sozial bindender als nur gewählt zu werden. Außerdem schwächt man die Bedeutung seiner Wahlen, wenn man sehr viele Personen wählt. Wenn man meint, allen Menschen unterschiedslos vertrauen zu können, dann ist das für die Strukturbildung sozial genauso relevant wie wenn man niemandem vertraut. Zu wählen bedeutet immer, Unterschiede zu machen.

Das Programm errechnet kombinatorisch jede denkbare Zweierbeziehung, jede relevante Dreierformation, Viererformation, Fünferformation und so weiter bis zu Formationen von maximal 15 Personen. „Relevant" bedeutet mathematisch größer als 0,5, alles was unter 0,5, fällt, wird gegen null abgerundet. Als Ergebnis erhält man lange Listen von Zahlenreihen, wer mit welchen anderen Personen eine wie „starke" Gruppe bildet. Kritische Schwellenwerte unterscheiden die Kohäsion sozialer Formationen nach ihrer Stärke (Kohäsion ist stark, mittel, schwach oder transitorisch; im Bild einer Gruppe als Anordnung konzentrischer Kreise entspricht dies einer Platzierung der Mitglieder in unterschiedlicher Nähe zum Kern). Die Zahlenlisten müssen sodann zeichnerisch umgesetzt werden, was einige Zeit dauern kann. Man muss nämlich einen vieldimensionalen Hyperraum auf ein zweidimensionales Papier bringen. Eine diesbezügliche Softwarelösung harrt noch ihrer Entwicklung.

An einem Beispiel von einer relativ kleinen Population lässt sich zeigen, wie Zahlenlisten und zeichnerische Umsetzung aussehen können. Bei der Population handelt es sich um eine 17 Personen umfassende Lehrgangsgruppe eines universitären Weiterbildungslehrgangs, in dem die Teilnehmenden in den Lehrgangsmodulen immer wieder zusammenkommen und zum Zeitpunkt der Messung bereits ein differenziertes Vertrauensgefüge entwickelt hatten.

Abbildung 3.5 Struktur nach dem Gruppen-Organisations-Soziogramm

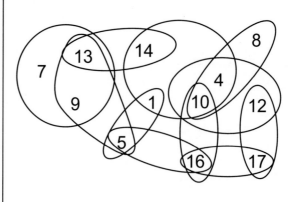

Kohäsion stark	> 0,99
Kohäsion mittel	> 0,93
Kohäsion schwach	> 0,75
Kohäsion transitorisch	> 0,5

0,734	1	4	10	14
0,725	4	10	12	
0,709	5	9	13	
0,702	7	9	13	
0,693	4	8	10	
0,656	5	16		
0,656	16	17		
0,563	12	17		
0,559	13	14		
0,516	1	5		
0,516	10	16		

Personen in keiner Gruppe: 2, 3, 6, 11, 15

Die Struktur ist relativ typisch für eine hohe Beziehungsdichte unter den Teilnehmenden, die nicht sehr voneinander abgegrenzt sind. Die Zahlenliste zeigt die Schwellenwerte der Kohäsionsstärke, wobei sich ergibt, dass keine Gruppierung übermäßig stark kohäsiv ist. Alle Unwahrscheinlichkeitswerte bewegen sich im transitorischen Bereich. Dennoch sind

Strukturen ersichtlich. So hat die Person 10 eine relativ zentrale Rolle (sie erscheint in vier Gruppierungen), ferner ist die Population in zwei Teile geteilt (das Konglomerat um die Person 10 gegenüber dem Konglomerat 13, 9 und 5, jeweils mit Anhang); beide Konglomerate sind durch „überbrückende" Beziehungen miteinander verbunden. Fünf Personen sind als „in keiner Gruppe" ausgewiesen, vier waren zum Zeitpunkt der Messung nicht anwesend, tauchen also deshalb nicht auf (dem Algorithmus zufolge können nur aktiv Wählende auftauchen); eine dieser fünf Personen jedoch war anwesend, hat auch gewählt, wurde aber so wenig wiedergewählt, dass sie in keiner Untergruppe erscheint. Diese Person hat aufgrund gewisser Umstände (häufige Abwesenheiten, Sonderwünsche etc.) eine Außenseiterstellung im Lehrgang.

Bei der Anfertigung des Bildes herrscht eine gewisse zeichnerische Willkür, hauptsächlich geht es hier um Überblick. Nicht immer ist es möglich, die Gruppierungen in eine flächige Darstellung zu bringen; hier war es möglich, weil die Populationsgröße gering ist. Schwieriger sind die Verhältnisse in einer Population von ca. 100 Personen. Bei einer so großen Personenzahl gibt es erfahrungsgemäß mindesten zehn Sub-Formationen und zu Beginn zahlreiche Personen, die sich in keiner Gruppierung befinden. Ein Gesamtbild dieser Population ist daher entsprechend umfangreich. In der Folge sind einige Ausschnitte zu sehen, die deutlich machen sollen, wie die Auswertung aussehen kann.

Abbildung 3.6   Substruktur in einer größeren Population

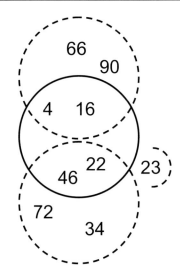

Die in **Abbildung 3.6** dargestellte Formation zeigt einige überlappende Gruppen mit unterschiedlich starker Kohäsion (durchgezogene Linie = stark, gestrichelte Linie = schwach). Den Kern bildet die Vierergruppe bestehend aus den Personen 4, 16, 22 und 46. 4 und 16 bilden zusammen mit 66 und 90 eine weniger starke Gruppe, ebenso 22 und 46 zusammen mit 34 und 72. Aufgrund der Stärkeverhältnisse kann man auch sagen, dass die Personen 66 und 90 durch ihre Verbindung mit 4 und 16 an der starken mittleren Gruppe „dranhängen", ebenso die Personen 34 und 72 durch ihre Verbindung mit 22 und 46. Die Person 23 ist sowohl an die starke mittlere als auch an die weniger starke untere Vierergruppe angebunden.

Die gesamte Population ist so in Gruppenformationen unterschiedlicher Größe (nach Personenanzahl) und Kohäsion (Stärke der Bindung) zerlegt. Manche Gruppen sind fest wie Bunker und nach außen hin entsprechend abgemauert, dementsprechend ist ihr Auftritt nach außen; andere sind in sich weniger „gefestigt". Die jeweiligen Binnenverhältnisse sind äußerst relevant für das „organizational behaviour". Deshalb kann man nicht sagen, ob eine höhere Geschlossenheit „besser" ist als eine höhere Offenheit, es kommt drauf an. Geschlossene Gruppen erscheinen nach außen hin als stur, man kann mit ihnen nicht reden. Offene Gruppen sind hingegen zugänglicher. Wenn unangebundene Individuen zu lange im Zustand ihres Individuellseins verharren, geraten sie an den Rand der Struktur. Auch das Timing ist hier relevant. In gewissen Phasen müssen sich Gruppen schließen und sich mit sich beschäftigen, weil sie sonst bei ihrer Identitätsbildung zu sehr gestört werden. In anderen Phasen müssen sie ihre Gesprächsfähigkeit nach außen entwickeln, sonst verlieren sie in der Organisation an Einfluss (über Details der Abläufe im Organisationslaboratorium sei wieder auf Krainz 2005a verwiesen).

Bis zu einem gewissen Grad kann man das Verhältnis von Individuen zueinander in einer Gruppe mit dem Verhältnis von Gruppen zueinander in einer Organisation analogisieren. Gruppen verhalten sich also wie Individuen, wenn sie gesprächsbereit sind, zugänglich, sich zurückziehen, spezielle Wünsche artikulieren und so weiter. In Organisationen kommt jedoch noch dazu, dass sich die Gruppen koordinieren müssen. Dadurch entsteht eine neue Komplexitätsebene, man benötigt nämlich eine „Gruppe der Gruppenvertreter" (s. dazu Claessens 1977), es entsteht eine Hierarchie von Gruppen (vergleichsweise gibt es in einer Gruppe zwar eine Dominanzskala, aber nicht notwendig eine Hierarchie von Individuen).

In den Organisationslaboratorien ist es sinnvoll, mehrfache Messungen durchzuführen, weil man damit eine Veränderung des emotionalen Gefüges zeigen kann. Wir in der Klagenfurter Gruppendynamik beginnen in der Regel nach den einleitenden Bemerkungen zur Zielsetzung der Veranstaltung mit einer Null-Messung und hängen dann so bald wie möglich die Strukturzeichnungen für alle sichtbar an die Wand (mehrere Charts). Im Unterschied zur T-Gruppe, bei der man die Gruppenzusammensetzung nach dem Prinzip der Bekanntschaftsvermeidung arrangiert, gibt es bei den Organisationslaboratorien zahlreiche (und von niemandem durchschaubare) Vorbekanntschaften. Deshalb ergibt sich schon bei der Nullmessung eine recht differenzierte Struktur. Eine der möglichen Interventionen ins Plenum ist dann, wenn die gesamte Population anwesend ist, die Aufforderung, die soziografische Darstellung als Sitzplan zu verstehen, sich dem Plan folgend im Raum hinzusetzen (daher braucht man einen großen Raum mit keiner anderen Möblierung als beweglichen Stühlen) und sich miteinander über die Bedeutung dieser gegebenen Struktur zu unterhalten.

Die beiden folgenden Darstellungen zeigen (diesmal in einem größeren Ausschnitt aus dem Soziogramm der gesamten Population) die gleichen Konglomerate von Gruppierungen mit einem zeitlichen Abstand von zwei Tagen, in denen der Organisationsprozess fortgeschritten ist.

Abbildung 3.7 Struktur zum Zeitpunkt der Nullmessung (Ausschnitt)

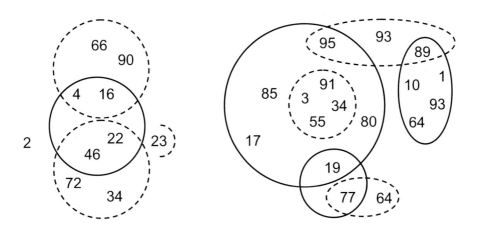

Abbildung 3.8 Struktur zwei Tage später (Ausschnitt)

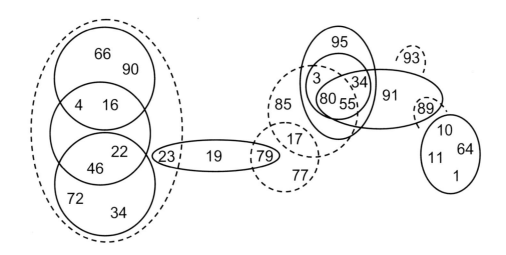

Einige Gebilde haben sich verstärkt, andere abgeschwächt, einzelne Individuen sind verloren gegangen (haben sich anderen, im Ausschnitt nicht gezeigten Gruppierungen angeschlossen), einzelne Personen sind neu aufgetaucht. Von besonderer Bedeutung ist im zweiten Bild die Formation 23-19-79, die eine Brücke zwischen den beiden Konglomeraten bildet. Dies ist insbesondere für Organisationsprozesse von größter Bedeutung, weil organisatorische Koordination nur über solche „überlappenden" Gruppen vor sich gehen kann. Für einzelne Personen, die sich hier betätigen, ist dies oft der Start in eine „Karriere", weil sie für die Organisation eine besonders wichtige Funktion übernehmen.

Wir haben das Gruppen-Organisations-Soziogramm in jahrelanger Entwicklungsarbeit in den Laboratorien immer wieder getestet und zu einer gewissen Reife gebracht. Darüber hinaus gibt es mittlerweile im Kreise jener Ausgewählten, die mit ihm arbeiten können, viele Erfahrungen aus Anwendungen in der Beratungspraxis. Dazu ein Beispiel.

Beispiel Bankenfusion

Der Bankensektor ist in den letzten Jahren von ständigen Fusionen gekennzeichnet gewesen. Wenn die Fusionskandidaten einmal die kartellrechtliche Überprüfung erfolgreich hinter sich gebracht haben, ist die Fusion rechtlich vollzogen. Praktisch gesehen aber geht es jetzt erst los. Man ist auf der Suche nach „Synergien", muss Standorte, Abteilungen und Zweigstellen zusammenlegen, was vielleicht die Immobilienkosten reduziert, und irgendwann geht es auch um den Abbau von Personal. Im Zuge eines solchen Mega-Szenarios tauchen wir jetzt ein in die Welt einer neuen Filiale am Standort X. An diesem Standort hatten beide Banken als Konkurrenten ihre Filialen betrieben, jetzt, nach der Fusion hat man ein neues Gebäude bezogen, die alten Filialen geschlossen und die lokale Öffentlichkeit von der neuen Situation informiert.

Die Besetzung der Leitungsfunktionen wurde so gelöst, dass der eine Filialdirektor (der von der fusionsaktiveren Bank A) in seiner Funktion blieb, der andere (der von der übernommenen Bank B) zum Stellvertreter „degradiert" wurde. (Das Wort wurde nicht verwendet, man verwendet in solchen Situationen Euphemismen, für Unerfreuliches findet man besser klingende Worte oder, wenn man keine findet, kommentiert man gar nicht; der Betroffene hat sich aber – auch ohne das Wort zu verwenden – entmachtet gefühlt. Nur auf seinen Visitenkarten durfte er noch die Funktionsbezeichnung Direktor führen.) Die neue Lokalität war fertig gestellt, die Mann- und Frauschaft hatte ihre Plätze bezogen, da beobachtete der (alte und neue) Filialdirektor eine Szene, die ihm so zu denken gab, dass er Beratung anforderte. Ein Kunde war gekommen, hatte an einen der Mitarbeiter eine Frage gestellt, die dieser im Rahmen seiner funktionalen Zuständigkeit zufriedenstellend beantworten konnte. Als dann der Kunde eine weitere Frage stellte, die nicht im Zuständigkeitsbereich dieses Mitarbeiters war, erklärte dieser dem Kunden recht unengagiert nur seine Nichtzuständigkeit, statt diesen – wie es der Filialdirektor gerne gesehen hätte – sogleich an der Hand zu nehmen und zum zuständigen Kollegen zu führen (Letzterer war „zufällig" von der anderen Seite).

Nun ist die Beratung einer Truppe von ca. 20 Leuten bei laufendem Betrieb nicht ohne Weiteres zu realisieren. Daher war zuerst ein Modus zu finden, wie man überhaupt Zeiten findet, in denen beraten werden kann. Folgende Lösung wurde gefunden: Der Berater hielt sich zwei Tage lang am Ort auf und interviewte nacheinander die gesamte Filialbelegschaft (eine Person konnte sich immer vorübergehend aus dem Betrieb ausklinken). Ein Teil der Interviews bezog sich auf die Gruppenstruktur, jede Person gab individuell im Interview die Vertrauensbeziehungen bekannt, was dann mit dem Gruppen-Organisations-Soziogramm berechnet wurde. Bald nach den Interviews fand ein zweiteiliger Workshop statt. An zwei aufeinander folgenden Tagen fand sich die gesamte Belegschaft nach dem Ende der Öffnungszeit der Bank in einem Besprechungsraum ein (Dauer jeweils von 16 bis 21 Uhr) und erhielt zunächst eine Darstellung des Strukturbildes der Gesamtgruppe.

Dabei zeigte sich Erwartungsgemäßes, aber auch Unerwartetes. Vor allem war klar, dass man nicht per Dekret ehemals konkurrierende Mannschaften zur Kooperation verpflichten kann, die Emotionen sind hier langsamer als die Organisationsentscheidungen. Zwischen einigen Personen gab es tatsächlich Gräben, die aus der vorgeschichtlichen Zugehörigkeit zu den beiden Banken resultierten. Hier musste man ins Detail gehen, analysieren, was schief gegangen ist, und an Veränderungsmöglichkeiten arbeiten. In anderen Fällen gab es kein zerbrochenes Porzellan, nur eine Unzufriedenheit mit der räumlichen Unterbringung. Es ist immer wieder erstaunlich, wie „territorial" Menschen sind, wenn es um Büros, Fenster, Himmelsrichtungen und so weiter geht, und es sollen auch schon wegen der Aufstellung von Topfpflanzen veritable Zwistigkeiten und nachhaltige Zerwürfnisse entstanden sein. Wer je mit seiner Firma eine Übersiedelung managen musste, wird dazu Beispiele kennengelernt haben. Für alle überraschend aber waren Fälle von „Seitenwechsel". Ein unzufriedener Mitarbeiter der Bank A war über die Fusion deshalb erfreut, weil er sich nun an die Mitarbeiter aus der Bank B anschließen konnte, mit denen er besser zurechtkam; und einen minderschweren Fall gab es, der mit verkehrten Vorzeichen genau gleich lag.

Die soziometrische Analyse jedenfalls erwies sich als ein überaus brauchbares Vehikel zur Thematisierung der Gruppensituation, was sämtliche Probleme der neuen Filiale ansprechbar und bearbeitbar machte. Sogar für den zum Stellvertreter herabgestuften ehemaligen Filialdirektor fand sich ein Trostpflaster. Für die wenigen Jahre bis zu seiner bevorstehenden Pensionierung wurde er mit einer überregionalen Sonderaufgabe betraut, die ihn häufig aus der Filiale wegführte und ihm eine andere Art von Wichtigkeit verlieh.

3.4 Zusammenfassung

Welchen Zweck hat eine soziometrische Untersuchung? Die hier diskutierten sozialen Konfigurationen Gruppe und Organisation haben unterschiedliche Komplexitätsgrade, dementsprechend unterschiedlich sind auch die soziometrischen Zugangsweisen. Die an der Klagenfurter Universität entwickelten gruppendynamischen Laboratorien bieten ein ideales Gelände für das Experimentieren mit sozialen Strukturen und Prozessen. Soziogramme haben dabei den Stellenwert von erkenntnisfördernden Hilfsmitteln.

Warum braucht man überhaupt solche Hilfsmittel? Menschen haben eine Sicht auf die Dinge, die von ihren Grundprägungen her determiniert und auf kleine überschaubare Zusammenhänge beschränkt sind. Dass es überhaupt Strukturen gibt, die etwas anderes sind als die unmittelbar sinnliche Wahrnehmung anderer Menschen uns zugänglich macht, ist bereits eine Abstraktion aus dem konkreten Miteinander. Diese Abstraktion ereignet sich aber immer, gleichgültig ob man sie bemerkt oder nicht. Gewissermaßen hinter dem Bewusstsein etablieren sich damit Wirkzusammenhänge.

Zwar „wissen" wir, dass – wie es heißt – das Ganze etwas anderes ist als die Summe der Teile, dieses „Andere" aber zu bestimmen, fällt schwer. Im Grunde befinden wir uns immer im Fluss, der aus dem interaktiven Miteinander gespeist wird – aus den Kommunikationen, die uns mit anderen verbinden. Dennoch bilden sich immer wieder Verfestigungen heraus, die sich in Rollen, Positionen und Strukturen manifestieren. Struktur ist daher „geronnene" Interaktion. Einmal etabliert, wirkt die Struktur auf die Kommunikationen zurück, sodass sich zwischen Kommunikation und Struktur ein Wechselverhältnis ergibt. Kommunikation „macht" Struktur, Struktur „macht" Kommunikation. Das individuelle Streben ist noch ein weiteres Element in dem Geschehen. Viel an Bemühung in unserer Alltagsbewältigung geht dahin, wie man auf die Dinge Einfluss ausüben kann. Nicht selten wird man hier auf seine Ohnmacht hingewiesen. Dass aber die Strukturen auf einen selbst einwirken, das merkt man häufig gar nicht, weil man dies nicht „hinterfragt". Sie wirken unspektakulär. Das brachte Johan Galtung auch dazu, von „struktureller Gewalt" zu sprechen.

Wie man das unreflektierte Wirken von Strukturen aufbricht und nicht mehr Spielball unbekannter Kräfte ist, hängt wesentlich damit zusammen, wie sich interaktive Szenarien über die Kommunikation der involvierten Personen ein Bewusstsein von sich selbst verschaffen. Man braucht also eine Form der Selbstbeobachtung, um überhaupt erst nachvollziehen zu können, welchen Wirkzusammenhängen man unterworfen ist. Der wichtigste Perspektivenwechsel ist dabei der von den *Individuen* zu dem, was sich *zwischen den Individuen* ereignet. Hier setzen die soziometrischen Methoden an.

Ihre Ergebnisse sind daher nie Selbstzweck oder die Pseudo-Objektivierung zur Legitimierung hierarchischer Entscheidungen. Die Möglichkeiten, hier aus einem Herrschaftsinteresse irgendwie zu manipulieren, sind daher sehr begrenzt. Denn das Zustandekommen einer Selbstdiagnose eines interaktiven Systems erfordert die Mitwirkung aller Beteiligten.

Die hier besprochenen Soziogramme haben die Funktion, eine im Moment gegebene Situation aufzuklären. Ihre Qualität lebt wesentlich davon, was die diskursive Bearbeitung erbringt und an Erkenntnissen zu Tage fördert. Sobald dies geschehen ist, haben sie nur mehr historische Bedeutung, denn die Bearbeitung einer Situation verändert diese. Aus diesem Grund lässt sich durch Soziogramme nichts fixieren. Es ist wie bei Fotos: Auf manchen sieht man gut aus, auf anderen weniger gut. Aber kaum hat es „Klick" gemacht, ist das Bild schon Vergangenheit.

Im Allgemeinen sind Soziogramme nicht für Vorhersagen erfunden worden, sondern zur Bewältigung aktueller Problemlagen. Dennoch kann man bis zu einem gewissen Grad

„hochrechnen" und Szenarien vorstellen, was passieren würde, wenn ... In diesem Sinn trifft zu, dass man auch dort, wo mit Prognosen gearbeitet wird, die Prognose deshalb publiziert, um zu verhindern, dass das prognostizierte Szenario eintreffen wird. Man nennt das „self-defeating prophecy" (das Gegenteil der „self-fulfilling prophecy"). Ein weiter Teil der umweltbezogenen Prognosen (Erderwärmung, Gletscherschmelze, Artensterben etc.) hat genau diesen Charakter. Die „Objektivität" ist dabei weniger bedeutsam als die Plausibilität beziehungsweise das Mobilisierungspotenzial. Allerdings hat dies den Prognosen auch ihren schlechten Ruf eingetragen. In der Hitze des Gefechts wird übertrieben, Hauptsache, die Prognose bewegt etwas. Bei sozialen Phänomenen (z. B. wann es aufgrund von Wasserknappheit zwischen wem zum Krieg kommen wird) sind die Dinge noch etwas vager als bei naturwissenschaftlich erfassbaren, wie etwa bei der Wetterprognose. Dennoch gibt es immer wieder „Gesetzmäßigkeiten", die eine Rolle spielen. Und „Gesetzmäßigkeit" bedeutet, dass sich Automatismen in Gang setzen, welche die sozialen Geschicke wie ein Mahlstrom mit sich reißen, jedenfalls nicht leicht zu beeinflussen sind (vgl. dazu das Theorem der „Maximal-Stress-Kooperation", Mühlmann 1996). Um das Kultobjekt der westlichen Zivilisation, die Individualität, ist es dabei relativ schlecht bestellt.

Ein paar Schritte voraus kann man denken. Und wenn die Dinge dann doch nicht so sind, wie prognostiziert, ist das vielleicht ohnehin besser. Als Experte ist man da auf der sicheren Seite, denn Experten sind Personen, die genau erklären können, warum ihre Prognosen nicht zutreffen.

4 Die Soziale Impuls Analyse (SIA)

4.1 Modellierung und Simulation sozialer Systeme

Ein Modell, das soziale Systeme beschreibt und zudem erlaubt, abhängig von verschiedenen Ausgangskonstellationen mögliche künftige Entwicklungen zu prognostizieren, hat mehreren Ansprüchen zu genügen. Die Modellierung an sich soll gleichermaßen überschaubar und realitätsnah sein – was alleine schon schwer vereinbar ist. Vor allem aber sollen die Ergebnisse für das jeweilige System einen praktischen Nutzen liefern. So wäre es beispielsweise nur bedingt hilfreich, wenn das Resultat einer Analyse ist, dass 73,4 % aller Projektleiter überlastet sind, wenn genau der eigene Projektleiter durch seine Faulheit das Team zum Kollabieren bringt. Wichtig sind vielmehr eine Aussage, wie es in einem speziellen System aussieht, und eine gute Hilfe, rasch den Gründen auf die Spur zu kommen.

Dies ist auch die Intention des nachfolgend beschriebenen Modells. Es bietet eine Unterstützung bei der Beschreibung eines sozialen Systems, die bereits für sich eine Aussagekraft in Hinblick auf dessen tatsächlichen Zustand liefert. Dazu werden die Verbindungen aller systemrelevanten Personen untereinander erfasst. Wie bei realen Beziehungen stehen auch hier Aspekte wie Einfluss, Vertrauen, aber auch die Häufigkeit der Interaktionen im Vordergrund.

Dabei ist wichtig, darauf hinzuweisen, dass man nicht einzelne Personen herausgreifen und isoliert modellieren kann. Das Wesen eines sozialen Systems gründet auf dem Zusammenwirken der Mitglieder im Sinne eines übergeordneten Ziels. Jede Reduktion auf Einzelpersonen wäre hier eine unzulässige Vereinfachung. Allerdings ist es durchaus möglich und auch sinnvoll, ein gesamtes soziales System zu analysieren und dabei auch Interaktionen und den Status einzelner Personen zu betrachten. Dies darf aber nie entkoppelt vom Rest des Systems erfolgen, sondern das Modell muss es erlauben, den umgebenden Kontext mit zu berücksichtigen! Dieser Forderung trägt das vorgestellte Verfahren der Sozialen Impuls Analyse (SIA) ebenfalls Rechnung.

Die Erfassung einer Netzwerkstruktur ist aber nur ein Teil des Ganzen. Selbst wenn dieses Wissen bereits wichtige Erkenntnisse liefern kann, so ist damit nur ein Aspekt sozialer Interaktion beschrieben. Die wirklich interessanten Effekte zeigen sich erst in der Dynamik des Geschehens. Wie die Erfassung des Straßennetzes noch keine Auskunft darüber geben kann, welche Wege häufig genutzt werden, wo es immer wieder zu Staus kommt und welche Routen effiziente Verbindungen darstellen, ist auch in sozialen Systemen erst durch die Modellierung der dynamischen Themen ein plastisches Bild über die tatsächlichen Verhältnisse erzielbar. Im Unterschied zum Verkehr wirkt bei sozialen Systemen ein weiterer entscheidender Faktor: Anders als Autos können Informationen über viele Wege gleichzeitig laufen, die sich von Person zu Person vervielfachen, ohne an Gehalt zu verlieren.

Die SIA stellt daher eine dynamische Analyse des sozialen Systems mit allen seinen Verbindungen in den Mittelpunkt. Dazu wird nach Erfassung der Strukturen an einem oder mehreren Punkten als Ausgangspunkt ein „Informationsimpuls" eingespeist. Dieser gibt als Startwert die Einstellung (dafür, dagegen, uninformiert) der erfassten Personen zu einem Sachverhalt an. Anschließend wird untersucht, wie diese Information im Zeitverlauf durch das System propagiert. Durch eine Nachbildung der realen Struktur kommt es hier auch zu Dämpfungen, Aufschaukelungs- und Schneeballeffekten, Unterbrechungen, Gegnerschaften und so weiter. Auf diese Weise wird etwa sichtbar, ob eine Information zu gewissen Personen überhaupt durchkommt, welche Systemmitglieder sukzessive ausgegrenzt werden oder wie die „wirkliche" Kommunikationsstruktur eines Unternehmens aussieht und wer sich letztlich durchsetzt. Erst in der dynamischen Betrachtung liegt der eigentliche Wert des Ergebnisses; eine rein statische Netzwerkdarstellung könnte dies nie abbilden.

So kann nicht nur die Wirkung einer neuen Information, die von einer bestimmten Person eingebracht wird, simuliert werden, sondern es sind auch Szenarien darstellbar, bei denen sich etwa mehrere Personen in einer Besprechung auf eine Sichtweise einigen und diese jeweils über ihre Ansprechpartner in die Organisation tragen. Umgekehrt können aber auch bereits bestehende Befindlichkeiten und gegensätzliche Ansichten als Initialzustand vorgegeben werden.

Natürlich erlaubt die SIA die nachträgliche „Einspeisung" an weiteren Stellen, um etwa gezielte Interventionen von außen zu simulieren.

Zusammengefasst basiert das Konzept der SIA darauf, dass ein konkretes bestehendes Team durch Erfassung der Interaktionsbeziehungen möglichst realitätsnah modelliert wird, um anschließend zu simulieren, was passieren würde, wenn einzelne Personen wichtige Informationen erhalten.

4.2 Modell und Parameter

Modellierung der Verbindungen

Die Basis jedes sozialen Systems sind Interaktionsbeziehungen zweier oder mehrerer Personen (**2.2 Von der Interaktion zum sozialen System**). Die SIA modelliert ein soziales System, indem für jedes Mitglied erfasst wird, mit wem dieses eine Interaktionsbeziehung unterhält. Es geht hier nicht um die formalen Strukturen, sondern um eine möglichst genaue Abbildung der tatsächlichen Verhältnisse.

Eine Erfassung, die sich darauf beschränkt, dass zwei Personen verknüpft sind, würde jedoch zu kurz greifen und nur die Kommunikationsknoten visualisieren. Um später aber auch den Einfluss aufeinander simulieren zu können, muss ebenso die Qualität der Interaktion beschrieben werden. Nicht zuletzt gründet eine Interaktionsbeziehung darauf, dass die Handlung des anderen erwartbar wird und damit auf dem Vertrauen zwischen zwei Personen. Dazu sieht das Modell vor, mehrere Parameter einer Verknüpfung festzuhalten.

Modell und Parameter

Parameter zur Beschreibung der Verknüpfungen:

- **Einfluss:** gibt an, wie stark die Personen gekoppelt sind und ist damit ein Maß dafür, ob eine Information in vollem Umfang oder abgeschwächt übermittelt wird;

- **Vertrauen/Irritation:** dient zur Beschreibung, ob der Adressat Mitteilungen des Senders grundsätzlich vertraut oder ob dieser für ihn irritierend wirkt, eventuell ein „gestörtes" Verhältnis vorliegt;

- **Intervall der Treffen & Offset:** diese Parameter erfassen, wie häufig und wann Interaktionen stattfinden.

Findet zwischen zwei Personen keine Interaktion statt, wird der Einfluss-Parameter gleich Null und damit unwirksam gesetzt. So wird festgelegt, dass über diese Verbindung keine Kommunikation erfolgt. Die genannten Faktoren werden pro Zweierbeziehung in jede Richtung erfasst. Auf diese Weise können asymmetrische Interaktionen abgebildet werden. Es ist etwa durchaus denkbar, dass ein Mitarbeiter wöchentlich von seiner Führungskraft Anweisungen erhält und diese auch ausführt, umgekehrt aber der Vorgesetzte bloß monatlich eine Audienz gewährt und auch dann die Anliegen des Untergebenen nur geringschätzig aufnimmt.

Wenn ausgehend von jeder einzelnen Person eines Teams sämtliche Verbindungen zu allen anderen Mitgliedern beleuchtet und auf diese Weise erfasst wurden, ergibt sich ein Netzwerk, das die Kommunikationswege innerhalb des jeweiligen sozialen Systems beschreibt.

Abbildung 4.1 Modellierung sämtlicher Zweierbeziehungen eines Vierer-Teams

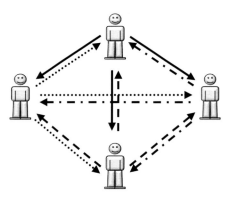

Wichtig ist dabei, dass nicht die Übertragung der Informationsinhalte erfasst wird. Dies wäre nicht möglich, da jede Person ihren individuellen Beitrag liefert, Informationen ergänzt, verändert und so weiter. Wer schon einmal „Stille Post" gespielt hat, weiß, wovon die Rede ist. (Bei diesem Spiel sitzen mehrere Personen in einem Kreis und eine beginnt, indem sie ihrem Sitznachbar ein Wort ins Ohr flüstert. Der Empfänger fährt fort und kommuniziert das, was er gehört hat, seinem Sitznachbarn weiter. Dies geht so lange, bis das Wort die komplette Runde gemacht hat und der Letzte in der Reihe spricht es laut aus. Hier kommen die lustigsten Abwandlungen, Interpretationen und Ergänzungen zu Tage und nur in den seltensten Fällen hat das Wort am Ende eine Ähnlichkeit mit dem Ursprünglichen. Der Inhalt ist dabei meist gänzlich verfälscht.) Dennoch wirkt jede übermittelte Information auf den jeweiligen Empfänger. Insbesondere bei Wissensarbeitern (zum Begriff des Wissensarbeiters s. Drucker 2003) wäre es gar nicht möglich, den Informationsinhalt abzubilden. Ihre eigentliche Leistung besteht gerade im Generieren von Informationen, und deren Wert liegt vor allem darin, nicht antizipierbar zu sein.

Für die SIA sollte man sich dieses Umstandes bewusst sein. Er beeinträchtigt aber die Nützlichkeit der Ergebnisse in keiner Weise, da nicht die übermittelten Sach-Inhalte im Vordergrund stehen, sondern die strukturelle Wirkung, die eine Information, welche von einer bestimmten Person einer anderen mitteilt wird, beim Adressaten hervorruft. Es geht darum, dass die Mitteilung beim Empfänger etwas auslöst und weitere Kommunikationen anregt („Kommunikationsoperationen" in der Terminologie der Systemtheorie; s. Luhmann 1987).

Ob eine Person bei einer anderen eine Wirkung erzielt, ist aber durchaus von deren Verbindung und damit den Strukturen des sozialen Systems abhängig. Informationen werden insbesondere dann, wenn sie nicht unmittelbar nachprüfbar sind – und das ist häufig der Fall – vor allem auf Basis der inneren Einstellung und dem Verhältnis zum Überbringer aufgenommen. Je nachdem, wie die beiden zueinander stehen, kann der Einfluss einer Person auf die andere stark oder schwach sein und die Grundeinstellung zu Mitteilungen des Gegenübers positiv oder negativ. Dies sind „menschliche" Aspekte, die jedes Teamgeschehen prägen. In Form der Faktoren Einfluss und Vertrauen gelingt es, diese Beschreibung von zwischenmenschlichen Beziehungen abzubilden. Gerade bei derart „weichen" und objektiv nicht erfassbaren Kriterien ist es zwingend notwendig, diese in Interaktion mit den Betroffenen zu erheben.

Darüber hinaus ist nochmals hervorzuheben, dass die Modellierung nur für einen Informationstypus gültig ist. Dem technischen Experten, Herrn Zangler, wird der Vorgesetzte, Herr Schilling, vermutlich in fachlichen Aspekten vertrauen und dahingehend werden entsprechende Mitteilungen seitens Herrn Zanglers auch einen großen Einfluss auf Herrn Schilling haben. In Fragen zur Abteilungsfinanzierung besteht aber keine Verbindung zwischen den beiden, sondern Herr Schilling hat in solchen Belangen eine Interaktion mit der Controllerin, Frau Sparfuchs. Es ist offensichtlich, dass für beide Fragestellungen unterschiedliche Strukturen und damit unterschiedliche Modelle Gültigkeit haben, selbst wenn es sich um dasselbe Unternehmen handelt. Genau genommen sind es aber zwei unterschiedliche Subsysteme, die sich in Person von Herrn Schilling überlappen.

Ein weiterer, besonders wichtiger Faktor, der die Interaktionsbeziehungen prägt, ist die Entwicklungsstufe der jeweiligen Gruppe. Anfangs sind die Beziehungen innerhalb eines Teams meist noch sehr lose. Erst im Lauf der Zeit verdichten sie sich. Darüber hinaus werden Verbindungen durch Restrukturierungen wieder abgebaut oder verändert. Dies ist nicht zuletzt in der Selbstreflexionsfähigkeit sozialer Systeme begründet. Nachdem sich daher je nach Situation die Struktur gänzlich anders darstellt, ist es auch erforderlich, die Parameter des Modells der Veränderung anzupassen, indem Verbindungen ergänzt, anders parametriert oder gänzlich aufgelöst werden. Dabei sollte sich der jeweilige Berater aber darüber im Klaren sein, dass nur eine Erfassung des aktuellen Zustandes eine hohe Aussagekraft hat. Jede antizipierte strukturelle Änderung ist als „Was-wäre-wenn?"-Szenario zu sehen, das je nach Systemkenntnis und Erfahrung des Beraters eine höhere oder geringere Trefferquote aufweist. Mit der SIA ist er zumindest in der Lage einzuschätzen, was passieren würde, wenn eine bestimmte Verbindung aufgebaut oder eine andere eliminiert wird. Ob diese strukturelle Änderung in der Praxis auch erfolgt, ist wiederum Sache des Systems und dessen operativer Geschlossenheit. Der Wert einer solchen Analyse liegt aber auch darin begründet, dass diese Information durchaus vom jeweiligen Team aufgegriffen werden kann, welches – sofern sie einen Nutzen bringt – auch mit hoher Wahrscheinlichkeit deren Umsetzung anstreben wird.

Modellierung der Personen

Für die statische Darstellung des sozialen Systems würde die Modellierung der Verbindungen ausreichen. Um eine dynamische Auswertung zu ermöglichen, ist es notwendig, die Wirkung der Mitglieder als Knoten des Netzwerks einzubeziehen.

In erster Linie spielt dabei die jeweilige „Vergessenskurve" oder – anders herum betrachtet – die Beharrlichkeit einer Person eine große Rolle. Wenn Herr Sturbock nicht von seiner Meinung abzubringen ist, hat er eine andere Wirkung auf seine Umgebung als sein Freund, Herr Windig, der morgen schon vergessen haben wird, was er heute kommunizierte. Hinzu kommt der Umstand, dass Frau Déjà-vu nur eingeschränkt beeindruckt sein wird, wenn ihr Herr Sturbock heute genau dasselbe erzählt, was sie ihm gestern mitteilte. Um diese Aspekte zu modellieren, sind im Konzept der SIA die folgenden personenbezogenen Parameter vorgesehen:

Parameter zur Beschreibung von Personen:

- **Beharrlichkeit:** definiert, wie lange es dauert, bis die Wirkung einer Information auf die jeweilige Person abklingt;
- **Echo-(Reflexions-)Dämpfung:** bildet den Umstand ab, dass eine Information, die Person A an Person B kommuniziert, an Wirkung verliert, wenn sie anschließend seitens Person B wiederum Person A mitgeteilt wird.

Abbildung 4.2   Parameter zur Modellierung sozialer Verbindungen

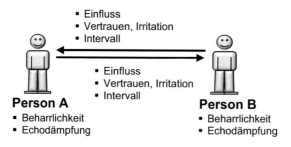

Modellierung dynamischer Aspekte

Wie Personen auf Informationen reagieren, die sie von anderen Systemmitgliedern erhalten, wird erst sichtbar, wenn die einzelnen Interaktionen in einen zeitlichen Kontext gebracht werden. Die SIA ermöglicht dies in Form einer dynamischen Analyse des sozialen Systems. Wie auch in der Praxis jede Person Kontakte zu mehreren anderen Personen unterhält, wird dazu auch im Modell für sämtliche Systemmitglieder jede Interaktionsbeziehung betrachtet, die zwischen der zu analysierenden Person und anderen besteht. Am Beispiel aus **Abbildung 1.1** (Konrads Gehaltserhöhung) wären dies aus Hugos Blickwinkel die Beziehungen zu Sabine, Susi und Konrad. Jede der Personen, mit denen Hugo verbunden ist, hat ihrerseits einen gewissen Informationsstand, der bewirkt, dass sie dazu eine innere Einstellung entwickelte. Beispielsweise könnte Konrad von seiner Gehaltserhöhung wissen und sich sehr darüber freuen, Susi ebenfalls darüber in Kenntnis gesetzt worden, aber verärgert sein und Sabine noch keinerlei Mitteilung erhalten haben. Wenn Hugo nun Sabine, Susi und Konrad trifft und mit ihnen über Konrads Gehaltserhöhung spricht, führt dies zu einer gemischten Wirkung auf Hugo. Als Konrads Freund vertraut er ihm und dessen Freude hätte einen großen Einfluss auf Hugo. Susis Ärger würde bei Hugo eine andere Wirkung zeigen, da er mit ihr nicht das beste Verhältnis hat, und Sabine hätte mangels Information noch gar keinen Einfluss.

Das Modell der SIA bewertet die Zustände der Interaktionspartner auf Basis der Verbindungsparameter und aggregiert diese gemeinsam mit dem eigenen Zustand der betreffenden Person zu deren neuem Status. Dieser repräsentiert die eigene Einstellung, die sie zu der jeweiligen Information hat. Das kann von völliger Ablehnung bis absoluter Zustimmung variieren.

Die Berechnung erfolgt dabei nach einem ähnlichen Muster, wie es von neuronalen Netzen bekannt ist. Es werden mehrere Inputfaktoren, die auf eine Person einwirken, in ihrer Intensität bewertet und die Ergebnisse inklusive des gewichteten eigenen Zustands aggregiert. Daraus ergibt sich der neue Zustand einer Person, der im nächsten Berechnungszyklus wiederum auf deren Umwelt wirkt. Anhand des zuvor beschriebenen Beispiels würde dies bedeuten, dass Hugo vorerst noch nichts von Konrads Gehaltserhöhung weiß. Er trifft

Sabine, Susi und Konrad, wobei ihm nur Konrad und Susi die Neuigkeit mitteilen. Konrad redet natürlich positiv über seine Gehaltserhöhung. Susi bringt durchaus ihren Missmut zum Ausdruck, was aber bei Hugo aufgrund seiner angeschlagenen Beziehung zu Susi auslöst, dass er sich noch mehr mit Konrad freut. Auf Hugo wirken die Einstellungen von Susi und Konrad ein und er bildet sich selbst eine Meinung, die zu einer positiven inneren Einstellung führt. In diesem Sinn wird er aber im nächsten Schritt die Neuigkeit weiterkommunizieren und eben positiv von Konrads Gehaltserhöhung berichten.

Abbildung 4.3 Konrads Gehaltserhöhung – Wirkung auf Hugo

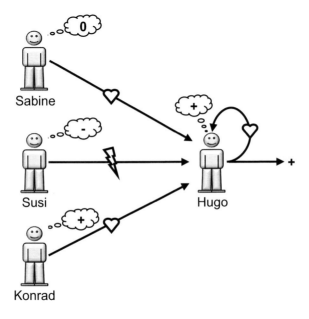

Diese Form der Berechnung wird, entsprechend der zeitlichen Abfolge, zyklisch für sämtliche Personen durchgeführt. Allerdings ist dabei zu berücksichtigen, ob sich die jeweiligen Mitglieder zu diesem Zeitpunkt überhaupt treffen. Ferner kommen hier die personenbezogenen Parameter zum Tragen, um die eigene Beharrlichkeit einfließen zu lassen und den Umstand, dass der Neuigkeitswert bereits bekannter Informationen gedämpft ist.

Durch die Berechnung dieser Aspekte für sämtliche Personen und aufeinanderfolgende Zeitpunkte ergibt sich ein „Wirkungsverlauf", den eine Information innerhalb eines sozialen Netzes über die Zeitdauer auslöst. Abhängig davon, welche Person zuerst davon Kenntnis erhält oder ob mehrere zum selben Zeitpunkt davon erfahren, kann dies völlig andere Ausprägungen annehmen. Wenn erst das soziale System erfasst ist, lassen sich mittels der SIA unterschiedlichste Szenarien modellieren. **Abbildung 4.4** zeigt ein vereinfachtes Beispiel zum Verlauf der Wirkung einer Information in einem Dreier-Team. Dabei sind zur Verdeutlichung des Konzepts fünf Zeitperioden (Zyklus 1 bis Zyklus 5) dargestellt. Die aktuelle Einstellung einer Person ist als grau hinterlegter Block visualisiert, wobei positive Sichtweisen je nach Intensität unterschiedlich hoch nach oben gezeichnet sind und negative nach unten. Zwecks besserer Nachvollziehbarkeit sind Zustände vergangener Perioden punktiert dargestellt.

Abbildung 4.4 Beispiel des Wirkungsverlaufes über fünf Zyklen

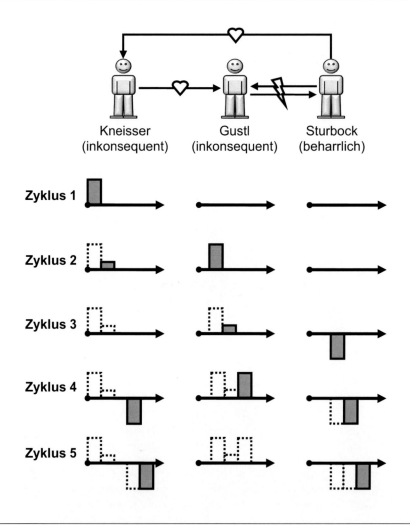

So lässt sich aus der Darstellung im Zeitverlauf ablesen, dass die anfängliche Begeisterung von Kneisser, der als erster die Information einbringt (grauer Balken bei Kneisser in Zyklus 1), aufgrund dessen Inkonsequenz bereits in Zyklus 2 deutlich abgeschwächt ist und in Zyklus 4 sogar ins Gegenteil kippt, nachdem Herr Sturbock von Gustl davon erfahren hat. Ausschlaggebend dafür ist die gestörte Beziehung zwischen Sturbock und Gustl und die Tatsache, dass Kneisser zwar direkt Einstellungen von Sturbock übernimmt, umgekehrt aber keine Beeinflussung von Kneisser auf Sturbock erfolgt.

Das Beispiel zeigt sehr deutlich, dass die alleinige Darstellung der Verbindungen nur bedingt aussagekräftig ist. Erst die Betrachtung, was passiert, wenn eine bestimmte Person eine Information weiterkommuniziert und wie diese Mitteilung von den anderen aufgegriffen wird, macht deutlich, welche Auswirkungen die Struktur auf die tägliche Interaktion hat. Schon die Relation von drei Personen lässt erahnen, wie schnell es passiert, dass eine Idee „abgewürgt" wird und wie heikel es sein kann, wenn sich einzelne Spieler zu leicht mit dem Wind drehen. Wirklich interessant sind derartige Analysen jedoch, wenn ganze Teams oder etwa die Management-Ebene eines Unternehmens modelliert und über mehrere Perioden hinweg ausgewertet werden.

4.3 Voraussetzungen und Einschränkungen

Unbestritten wäre das Wissen, wie Teams auf Informationen reagieren, wo diese am besten platziert werden und was sie bewirkten, von großem Nutzen für jemanden, dessen Erfolg von der internen Kommunikation abhängt. Das kann in erster Linie ein Teammitglied, der Gruppenleiter, eine übergeordnete Instanz oder auch ein Berater sein, der zur Strukturoptimierung hinzugezogen wird.

Die SIA bietet ein nützliches Instrument, diese Aufgabe effizient zu bewältigen. Allerdings müssen ein paar Rahmenbedingungen berücksichtigt werden, um zu aussagekräftigen Ergebnissen zu gelangen und ferner diese richtig zu interpretieren.

Richtige Ermittlung der relevanten Parameter

Kapitel **2.2 Von der Interaktion zum sozialen System** beschreibt soziale Systeme als geschlossene Einheiten, die nach außen hin nur einen Bruchteil dessen vermitteln, was sich im Inneren abspielt. Zudem handelt es sich bei den für die SIA erforderlichen Modellparametern um Aspekte, die sich nicht mit „objektiven Messinstrumenten" erfassen lassen. Noch schwerwiegender ist der Umstand, dass die Verknüpfungen sozialer Systeme oftmals zu mannigfaltig sind, um überhaupt eine modellhafte Abbildung in praktikabler Form zu erlauben. Allerdings können die Systemmitglieder Auskunft darüber geben, wie sie mit anderen interagieren und zu welchen Personen die wichtigen Interaktionsbeziehungen bestehen. Die Konsequenz daraus ist, dass die Betroffenen zwingend in die Modellierungsphase einzubinden sind. Für den Berater, beziehungsweise für jene Person, die das Modell erstellt, bedeutet dies, dass die Parameter nur von den Systemmitgliedern kommen können. Der Aufwand dafür sollte nicht unterschätzt werden. Je genauer das Ergebnis sein soll, desto mehr Zeit gilt es, in diese Phase zu investieren. Da in komplexen Systemen schon minimale Inputs massive Auswirkungen nach sich ziehen können, liegt auch auf der Hand, dass selbst geringe Unzulänglichkeiten der Modellierung unbrauchbare Ergebnisse liefern können.

Natürlich kann etwa mittels eines Fragebogens eine schnelle Indikation gewonnen werden, wer im System die Schlüsselpersonen sind oder wie es grundsätzlich um die Beziehungen im Team steht. Gerade beim Versuch, persönliche Einstellungen oder soziale Verhältnisse in Worte oder gar Zahlen zu fassen, besteht das Problem, dass mangels objektiver Vergleichsgrößen jeder für sich diese unterschiedlich interpretiert. Zwangsläufig wäre eine unidirektionale Erfassung in Form einer Befragung eine unzulässige Vereinfachung.

Für eine aussagekräftige Modellierung sind daher mehrere Schritte erforderlich. Nach einer ersten Bestandsaufnahme ist die intensive Interaktion mit den Schlüsselmitgliedern im Team etwa in Form von Interviews dringend angeraten. Erst im Austausch zwischen Berater und Betroffenen können Schattierungen und Hintergründe in Erfahrung gebracht werden, die mittels eines Fragebogen-Rasters nie erfassbar wären. Wichtig ist hierbei, dass der Berater einen offenen Ansatz verfolgt, der neue Erkenntnisse zulässt. Etwa könnte sich herausstellen, dass weitere Personen in den Prozess einzubeziehen sind oder dass ein Mitglied ein weiteres Mal interviewt werden soll.

Neben der detaillierten Erfassung der Einzelmeinungen ist aber auch deren Vergleichbarkeit essenziell. Dies kann zu einem gewissen Grad der Berater übernehmen, da anhand seiner Einschätzung die Aussagen kalibriert werden, bevor er die Beschreibung in Modellparameter fasst. Zusätzlich ist aber auch die Konsolidierung der einzelnen Aussagen im gesamten Team nötig, um blinde Flecken des Beraters zu relativieren. Eine gemeinsame Betrachtung der Ergebnisse wirkt auch bewussten Falschaussagen oder Instrumentalisierungsversuchen seitens der Mitglieder entgegen, da letztendlich die Gemeinschaft darüber befindet, ob die Parameter korrekt wiedergegeben wurden.

Wie bereits dargelegt, ist aber auch den Systemmitgliedern nicht immer selbst bekannt, wie sie sich in gewissen Situationen verhalten würden. Nur eine ehrliche und retrospektive Erfassung hat Anspruch auf eine realitätsnahe Abbildung. Zugegebenermaßen ist der Erkenntniswert im Nachhinein nur beschränkt. Allerdings ist es gerade für die Lösung gruppeninterner Problemfelder oft sehr aufschlussreich, etablierte Verhaltensweisen transparent zu machen. Ferner ist die Wahrscheinlichkeit hoch, dass sich das untersuchte System in ähnlichen Konstellationen vergleichbar verhält, solange das Handlungsmuster nicht zu einem spürbaren Nachteil für die Gruppe führt. So ein Fall würde jedoch in den Gesprächen mit den Teammitgliedern zu Tage treten und könnte nicht nur mittels der SIA zwecks besseren Verständnisses modelliert werden, es könnte auch aufgezeigt werden, welche Wirkung alternative Kommunikationswege oder die Einbindung zusätzlicher Personen erzielen würden.

Folgende Aspekte sollten bei der Erfassung der Parameter daher unbedingt berücksichtigt werden:

- Intensive Einbindung der Betroffenen (Gespräche, Interviews);
- Offenheit im Prozess, neue Informationen einzubeziehen und diesen nachzugehen;
- Kultur des Vertrauens;
- Herstellen einer gemeinsamen Sichtweise zur Abbildung der Struktur.

Aussagekraft

Die Stärke der SIA ist gleichzeitig auch eine Einschränkung der Methode. Sie modelliert die Wirkung einer bestimmten Information auf ein bestimmtes System zu einem bestimmten Zeitpunkt. Damit hat das Ergebnis einen hohen Erkenntniswert für das jeweilige Team. Es ist hochgradig situativ und individuell und daher nicht automatisch auf andere Strukturen übertragbar. Selbst im analysierten System können unterschiedliche Informationstypen (etwa kommerzielle Informationen im Gegensatz zu technischen Daten) mit verschiedenen Kommunikationswegen einhergehen und je nach Zeitpunkt und Zustand im Team können auch die Wirkungen völlig unterschiedlich sein.

Aus diesen Gründen gelten ein Modell und die damit angestellten Analysen ausschließlich für einen bestimmten Fall. Jede minimale Änderung der Konstellation hat zwangsläufig zur Folge, dass die Wahrscheinlichkeit einer Fehleinschätzung stark ansteigt. Wie bei der Erfassung der Parameter gilt auch hier, dass geringe Abweichungen große Konsequenzen nach sich ziehen können. Wenn also die Ergebnisse der SIA auf spätere Konstellationen angewendet werden sollen, muss immer hinterfragt werden, ob sich nicht die Rahmenbedingungen so weitgehend geändert haben, dass eine neuerliche Erhebung der Modellparameter erforderlich wird.

Ebenso ist zu erwähnen, dass die Erkenntnisse an sich nicht „objektiver" Natur sind. Die Art der Parameter, welche die persönlichen Einstellungen und sozialen Interaktionen abbilden, und die Erhebung durch Interaktion mit den Betroffenen bringen es mit sich, dass es sich nicht um objektiv nachprüfbare Fakten, sondern um Systemwahrheiten handelt, die durch den Erhebungsprozess generiert werden. Allerdings wird dadurch eine prinzipielle Verwertbarkeit der Erkenntnisse durch das jeweilige System ermöglicht beziehungsweise gefördert. Die Objektivität (im Sinne der Unabhängigkeit davon, wer die SIA anwendet) ist daher gar nicht das Hauptproblem, sondern die Plausibilität der Beschreibungen für die Systemmitglieder.

Nachdem diese grundsätzlich frei in ihrem Handeln sind und jedes Modell letztlich eine Vereinfachung der realen Situation darstellt, strebt die SIA keine hundertprozentige Vorhersage über das Verhalten von Personen an. Wie bei der Wetterprognose wird die Trefferquote umso höher, je genauer die Parameter erfasst sind und je mehr Faktoren berücksichtigt wurden. Selbst wenn die Vorhersage nicht immer auch in der Realität eintritt, so empfiehlt es sich doch, einen Schirm bei einem längeren Spaziergang mitzunehmen, wenn

Regenwetter angekündigt wurde. Ebenso bietet die SIA bei einer angemessenen Modellierung einen Blick auf ein hoch wahrscheinliches Szenario; und dieses ist allemal wert, näher betrachtet zu werden.

Risiken in der Anwendung

Die SIA ist als Werkzeug zu verstehen, welches dabei unterstützt, eine Diagnose zum Zustand eines sozialen Systems zu erstellen und hilft, die statischen und dynamischen Auswirkungen zu analysieren. Wie für jedes Werkzeug gilt auch in diesem Fall, dass es kompetent und in wohlwollendem Sinne eingesetzt werden soll. Natürlich besteht bei mächtigen Instrumenten stets das Risiko einer missbräuchlichen Verwendung. Die Qualität eines Werkzeugs misst sich geradezu an der Möglichkeit ihres Missbrauchs. Da es sich hier um die Modellierung sozialer Systeme handelt, ist doppelte Vorsicht angebracht, denn eine bewusst oder unbewusst inadäquate Anwendung kann nachteilige Folgen für Menschen nach sich ziehen. Falsche Schlussfolgerungen, die aus unpassenden Modellen oder Fehlinterpretation der Ergebnisse resultieren, können soziale Gefüge, aber auch die Betroffenen individuell nachhaltig schädigen. Daher ist eine gewissenhafte und wertschätzende Vorgehensweise unumgänglich.

Aufgrund der Tatsache, dass die Parameter in Interaktion mit den Systemmitgliedern erhoben werden, kommt dem Berater eine große Verantwortung zu. Er wird Teil des Prozesses und trägt maßgeblich zur Qualität des Ergebnisses bei. Mit diesem Wissen und entsprechend sorgsam sollte er die Methode auch einsetzen. Dasselbe gilt für die Anwendung der Ergebnisse.

Die SIA ist in einigen Aspekten vergleichbar mit einer medizinischen Diagnose, sie macht den Gesundheits- beziehungsweise Krankheitszustand des Patienten sichtbar. Durch die Untersuchung hat er die Chance, Klarheit über seine Situation zu erlangen und damit handlungsfähig zu werden. Ebenso stellt die SIA die realen Strukturen eines Teams dar. Diese sind vorhanden, egal, ob die Diagnose durchgeführt wird oder nicht. Hinzu kommt als weitere Komplexitätsebene, dass bereits der Umstand, dass ein System untersucht wird, Auswirkungen auf dessen Kommunikationsverhalten hat. Diese sind umso weniger „wahrheitsverzerrend", je stärker die Betroffenen von sich aus eine genaue Erfassung der Situation wünschen. Berater müssen sich dieses Umstands bewusst sein, denn bleiben sie bei ihren Untersuchungen alleine, ohne durch die Mitwirkung der Untersuchten, dann kann und wird dies die Ergebnisse verfälschen.

Wie bei medizinischen Problemen gibt es welche, mit denen der Patient, kennt er sie erst einmal, selbst fertig wird. Bei anderen ist er auf professionelle Hilfe angewiesen. In solchen Fällen gilt wiederum, dass diese durch jemanden erfolgen sollte, der die Ergebnisse der Diagnose richtig interpretiert, mit dem Patienten gemeinsam die nächsten Schritte reflektiert und dessen Wissenshorizont erweitert. Die Entscheidung über Maßnahmen liegt letztendlich bei den Betroffenen selbst.

Essenziell ist dabei, dass der Berater und die Systemmitglieder offen und ehrlich an der Modellierung arbeiten. Dazu ist eine Vertrauensbasis zwingend erforderlich, und diese setzt voraus, dass der Berater im Vorfeld erläutert, wie die SIA funktioniert, welche Ergebnisse produziert und wie diese verwertet werden. Er selbst ist ebenso auf die Aufrichtigkeit der Auskunftgeber angewiesen, denn es besteht das Risiko, dass bewusst verfälschte Informationen weitergegeben werden, um seitens der Befragten gewünschte Ergebnisse zu forcieren. Diese Gefahr kann durch Einhaltung eines bestimmten Ablaufs (**Abbildung 5.3**) deutlich relativiert werden, indem nach individuellen Gesprächen mit den Betroffenen eine Zusammenfassung seitens des Beraters erfolgt, die wiederum von den Systemmitgliedern gemeinsam reflektiert und angepasst wird. Durch die gemeinsame Bearbeitung der gewonnenen Erkenntnisse können manipulierende Aspekte von den Teammitgliedern aufgedeckt und neutralisiert werden. Zudem ist auf diese Weise sichergestellt, dass eine etwaige einseitige Sichtweise des Beraters erkannt wird.

Zusammenfassend sind die Risiken der SIA in der Haltung des Beraters und der Betroffenen zu suchen. Wenn sichergestellt ist, dass beide Parteien ehrlich an einer Erkenntnis zum Zustand des Teams und möglicher Auswirkungen interessiert sind und auch ein gemeinsames Verständnis über die Vorgehensweise haben, ist das Risiko gering und der Erkenntniswert maximiert.

Das nachfolgende Kapitel skizziert einen Weg, der die einzelnen Schritte in der Anwendung der Sozialen Impuls Analyse SIA darstellt. Er dient als Richtschnur, um in effizienter Art und Weise nützliche Resultate zu erzielen.

5 Die Soziale Impuls Analyse (SIA) in der Praxis

5.1 Allgemeine Aspekte

Berechnung sozialer Qualitäten?

Jede Modellierung und Simulation erweckt den Anschein, die Zahlenwerte stünden im Vordergrund. Dies mag vielleicht bei naturwissenschaftlichen oder mathematischen Modellen stimmen. Im Fall der SIA verhält es sich jedoch anders. Quantifizierung ist hier notwendiges Übel, da Berechnungen oder softwaregestützte Verfahren mit sozialen Faktoren wie „großes Vertrauen" oder „beeinflusst stark" nur bedingt etwas anfangen können. Wir Menschen wären zwar in der Lage, diese Aussagen zu deuten, haben aber das Problem, dass nach drei Personen und über das Morgen hinaus gedacht schnell die Grenzen des „Denkbaren" erreicht sind.

Notgedrungen muss der Berater daher die verbal beschriebenen sozialen Aspekte auf Parameter-Skalen abbilden, um diese in ein Berechnungsmodell zu füttern. Dies ist wohl eine der schwierigsten Aufgaben im gesamten Prozess. Die Qualität zwischenmenschlicher Beziehungen lässt sich nicht eindeutig in Worte fassen und noch schwerer in Zahlen. Jedes Teammitglied wird vermutlich für sein Vertrauen zu den einzelnen Kollegen eine verbale Umschreibung liefern können, welche die jeweilige Verbindung zumindest ausreichend charakterisiert. Wenn die Parameter erst einmal vorliegen, gelingt es mit dem Modell, das der SIA zu Grunde liegt, auch zukünftige Szenarien zu errechnen. Die Herausforderung liegt aber genau in der Verbindung der beiden. Für jeden Menschen bedeutet Vertrauen etwas anderes, und auf Aussagen wie geringes, wenig, starkes, großes, leichtes etc. Vertrauen trifft dies noch mehr zu. Die Übersetzungsleistung stellt einen entscheidenden Erfolgsfaktor bei der Modellierung dar.

Die SIA ist kein reines Rechenmodell! Sie stützt sich insbesondere auf die Fähigkeiten des Beraters, weiche Faktoren auf Parameter abzubilden und umgekehrt. Nicht nur die Eingabewerte, auch das Ergebnis einer Berechnung wird in Form von Zahlen dargestellt und für die gilt es ebenso, die richtigen Worte zu finden. Daher ist es besonders wichtig festzuhalten, dass die Anwendung der SIA nicht die Berechnung an sich, sondern eine Kombination aus hohen sozialen Fähigkeiten im Umgang mit den Teammitgliedern und einem Berechnungsmodell darstellt.

Selbst mit diesem Bewusstsein kommt es immer wieder vor, dass – entsprechend den Erfahrungen im Umgang mit Mathematik – die Ergebnisse als objektive Wahrheiten interpretiert werden. Dies ist ein unzulässiger Trugschluss. Selbst wenn es sich um Zahlenwerte handelt, so gründen sie auf der Übersetzungsleistung einer Person, die versucht hat, Qualität in Quantität zu verwandeln und zunächst nicht maßstabmäßig Bewertetes in

Zahlen zu fassen. Natürlich haben die Resultate bei korrekter Modellierung eine hohe Aussagekraft. Der genaue Zahlenwert ist aber nicht relevant, sondern es ist wiederum die Interpretation des Geschehens, die Schlussfolgerungen zulässt. In diesem Zusammenhang raten wir davon ab, „Genauigkeit" zu fetischisieren. Viel wichtiger ist es, die relevanten Verbindungen zu erfassen und anhand von Berichten über bestimmte Vorfälle das Modell feinabzustimmen. Ob „großes Vertrauen" mit einem Faktor 0,8 oder 0,8215 erfasst wird, ist hingegen nachrangig.

Wenn die SIA zum Einsatz kommt, dann sollte dies daher durch jemanden erfolgen, der verbale Aussagen zu sozialen Beziehungen gut interpretieren *und* rechnen kann. Dies sind zwei Qualifikationen, die nicht zwingend von einer Person verkörpert werden.

Grundhaltung

Ein weiterer wesentlicher Aspekt ist der schon mehrfach beschriebene Umstand, dass die SIA vor allem in der Erfassungs- und in der Analysephase auf die Mitwirkung der Teammitglieder angewiesen ist. Eine positive Grundhaltung gegenüber anderen Menschen sollte zwar generell angestrebt werden, bei der SIA ist diese aber schon im Eigeninteresse des Beraters zwingend erforderlich. Ob er will oder nicht, die Personen, mit denen er interagiert, um das Modell zu entwickeln, merken, ob damit ein konstruktives Ziel verfolgt wird oder ein eher bedrohliches (wobei sich beides nicht unbedingt ausschließen muss). Sobald ein Teammitglied befürchtet, dass das Vorhaben zwielichtig ist und Misstrauen verdient, hat dies einen derart großen Einfluss auf den Auskunftgeber, aber auch auf dessen Kollegen, dass man das Vorhaben besser bleiben lässt. Man darf nicht vergessen, dass parallel zur Modellierung „das Leben weitergeht" und sich auch die Betroffenen natürlich über den Zweck und die Vorgehensweise untereinander austauschen.

Aus diesem Grund ist der Einsatz der SIA dort am einfachsten, wo sich eine Gruppe schon dessen bewusst ist, dass ein Problem besteht, sich alleine jedoch nicht in der Lage sieht, dieses zu lösen. Wenn in einer solchen Situation Gespräche zur Erfassung der Parameter stattfinden, so versteht sich die positive Intention gewissermaßen schon von selbst. Allerdings gilt dies erst einmal für das Vorhaben. Vor allem der Berater, der es durchführt, muss ebenso von dessen positiver Zielsetzung überzeugt und den Systemmitgliedern offen und wohlwollend gesinnt sein. Erst dann kann es gelingen, dass er „an das System andockt" und ein wechselseitiger Austausch ermöglicht wird. Bei einer ablehnenden Haltung von einer der beiden Seiten wird keine gemeinsame Kommunikationsbasis zu Stande kommen. Diese ist aber essenziell, um die Aussagen „richtig" zu interpretieren und passende Parameter für die verbalen Schilderungen zu finden.

Systemkenntnis kann hier durchaus nützlich sein. Wenn dem Berater wiederum unterstellt werden kann, dass er das Vorhaben zum Wohle der Teammitglieder durchführt, hat er durch Wissen um die Interna den Vorteil, rascher zu den Knackpunkten vorzudringen und er muss nicht erst die „Systemsprache" lernen. Umgekehrt birgt eine solche Konstellation auch Gefahren, da er ebenso Vorurteile in die Analyse einbringt und auch die Systemmitglieder eine vorgefasste Meinung (sei sie positiv oder negativ) nicht gänzlich ablegen können. In einem solchen Fall ist es empfehlenswert, durch umfassende Dokumentation und

Supervision durch einen Außenstehenden den eigenen Einfluss bewusst zu reflektieren und als Teil des Ergebnisses zu betrachten. Es geht ja nicht darum, den Anteil am Ergebnis, der auf die Berateraktivität zurückgeht, eliminieren zu wollen, weil das gar nicht möglich ist (das wäre wieder eine falsche Vorstellung von „Objektivität"). Im Gegenteil – die Wirkung des Beraters findet ja vor allem in der Realität statt, und die soll möglichst genau abgebildet werden. Wie alle anderen ist auch er an der Entstehung des Ergebnisses beteiligt und in ihm enthalten. Der „Wahrheitsgehalt" der Modellierung erschließt sich ohnehin erst in der Interpretation zusammen mit den Systemmitgliedern.

Wenn ein System von sich aus kein Problem erkannt hat, ist es wichtig, dass es einen anderen Sinn darin sieht, mittels der SIA die vorhandenen Strukturen zu erfassen und zu bearbeiten. Dies kann ein Ziel wie die weitere Verbesserung der Zusammenarbeit sein, auch „reines" Interesse ist ein gutes Motiv oder der Wunsch der Geschäftsführung nach Überblick. Voraussetzung ist aber, dass dieses Ziel als „sinnvoll" angesehen wird und darauf vertraut werden kann, dass es auch wirklich darum geht und um nichts anderes.

Abgesehen von Beratern, die eine Systemverbesserung anstreben, kann die SIA, wie eingangs erläutert, auch zum Einsatz kommen, um für sich selbst im Team die richtige Kommunikationsstrategie zu wählen, wenn es etwa darum geht, jemanden für eine Sache gewinnen zu wollen. In diesem Fall wäre für die Parametererfassung die an der Modellierung und Simulation interessierte Einzelperson ausschließlich auf ihre eigene Systemkenntnis angewiesen, weshalb dieser Einsatzzweck auch nur Systemmitgliedern vorbehalten bleibt. Mangels der Nutzung des Strukturwissens anderer ist die Modellierung aus einer Einzelsichtweise natürlich als solistische Übung „irrtumsanfälliger", als wenn man das Wissen und die Sichtweisen der Teammitglieder mit einbezieht. Dennoch haben gut vernetzte Personen oft einen fabelhaften Überblick, wie die Strukturen und Prozesse im eigenen Team aussehen, sodass für qualifizierte „Was-wäre-wenn"-Analysen die SIA auch hier eine nützliche Unterstützung bietet. Die Methode hilft dabei, in kurzer Zeit zahlreiche Kombinationen mit viel mehr Personen durchzuspielen, als man dies auf konventionellem Weg (in Form manueller Notizen oder durch Nachdenken) erreichen würde.

Im Folgenden wird die Modellierung unter Einbeziehung der Betroffenen näher erläutert. Diese ist deutlich umfassender, aber auch genauer als die individuelle Bewertung durch ein Systemmitglied und beschreibt den primären Einsatzzweck der SIA.

Dokumentation

Obwohl – oder gerade weil – es sich vorwiegend um weiche, schwer quantifizierbare „Faktoren" handelt, ist eine Dokumentation für die Anwendung der SIA über den gesamten Prozess hinweg essenziell. Die Worte, die etwa für eine „enge Bindung" verwendet werden, sind nicht nur von Person zu Person unterschiedlich. Selbst eine Person verwendet je nach Tagesverfassung unterschiedliche Begriffe für dieselbe Interaktionsbeziehung. Vor allem können tagesaktuelle Diskussionen emotional nachwirken und das augenscheinlich gewonnene Bild massiv verzerren. Daher ist es unumgänglich, dass der Berater über den gesamten Ablauf wesentliche Ereignisse, Entscheidungen, Veränderungen, Emotionen im Team etc. tagesaktuell dokumentiert, um Aussagen auch dahingehend „richtig" zu interpretieren. Dies gilt aber auch für ihn selbst. Er sollte seine Vorannahmen, Vorurteile und Einstellungen zu jeder Person, mit der er Gespräche führt, festhalten, um auch später noch nachvollziehen zu können, warum er zu einer bestimmten Schlussfolgerung gelangt ist.

Es ist unglaublich, wie schnell sich zwischenmenschliche Beziehungen und eigene Einstellungen im Licht neuer Emotionen verändern können. Nach nur wenigen Wochen hat man keine Chance mehr, nachzuvollziehen, warum etwa die Beziehung von Herrn Schmidt mit Frau Meier so außerordentlich eng eingeschätzt wurde, wo sie doch gestern erst eine heftige Diskussion hatten. Hier ist es absolut nützlich, Beobachtungen, Ereignisse und Aussagen explizit festzuhalten. Nur so kann gegebenenfalls später auch in passender Form relativiert und korrigiert werden, wenn sich herausstellt, dass eine Interaktionsbeziehung suboptimal beschrieben wurde.

5.2 Ablauf

Der Ablauf der Erstellung und Feinabstimmung der SIA ist dem Paradigma der Interventionsforschung (Heintel 2005a) in vielen Punkten verwandt. Interventionsforschung baut darauf auf, dass durch Interaktion mit Menschen in deren lebensweltlichem Kontext eine Situationsbeschreibung erstellt wird. Zu den daraus gewonnenen Erkenntnissen werden Hypothesen gebildet und für diese anhand von Hintergrundtheorien Erklärungsmodelle erarbeitet. Hypothesen und Erklärungsmodelle werden anschließend den Betroffenen im Rahmen eines gemeinsamen Workshops rückgekoppelt, um ihnen das gewonnene Bild über die eigene Lage darzulegen beziehungsweise gemeinsam zu ergänzen und zu korrigieren. Durch die Zusammenführung der einzelnen Blickwinkel zu einer gemeinsamen Beschreibung ergeben sich in der Regel zahlreiche neue Aspekte, welche die Betroffenen schon selbst in die Lage versetzen, für sich Verbesserungsmaßnahmen abzuleiten. Die „Forschung" wirkt damit als Intervention.

Die SIA nutzt in ähnlicher Form das Potenzial des Wissens der Systemmitglieder und führt dieses zu einem gemeinsamen Bild zusammen. Dabei stehen vor allem die Interaktionsbeziehungen und gegenwärtigen Einstellungen der Personen im Vordergrund. Während die Interventionsforschung als Paradigma sich in philosophischer Breite jeden möglichen Sachverhalt vornehmen kann, fokussiert die SIA ihren Blick auf das gruppendynamische Kraftfeld. Sie verfolgt stets das Ziel, Hypothesen zur gegebenen sozialen Struktur zu bilden und überprüfen zu lassen. Hinzu kommt, dass die SIA die qualitativen „Daten" (Aussagen in Interviews) in Parameter eines Modells transformiert und für Workshops zur Bearbeitung der Verhältnisse den (auch zahlenmäßig ausgedrückten) „Stoff" liefert, der aus dem Modell wieder in die Wirklichkeit zurückübersetzt werden kann. Die Erfahrung zeigt, dass in dieser Hin-und-her-Schleife ein hohes (Selbst-)Erkenntnispotenzial steckt. Wohl muss dabei die unvermeidbare Reduktion der unendlichen Facetten der Realität hier in Kauf genommen werden (was die SIA allerdings nicht von jeglicher Form unterscheidet, sich methodengestützt oder frei denkend durch den Raum zu bewegen; man reduziert immer). Die SIA bedient sich aus diesem Grund aber insbesondere im gemeinsamen

Workshop, in dessen Zuge die Ergebnisse der Analyse reflektiert werden, wiederum des Wissens der Akteure, um die verfälschenden Auswirkungen solcher Reduktionen so minimal wie möglich zu halten.

Vorbereitung und Klärung der Zielsetzung

Die SIA birgt ein enormes Potenzial, wenngleich die Methode umgekehrt auch einige Einschränkungen mit sich bringt (**4.3 Voraussetzungen und Einschränkungen**). Da Verbesserungsmaßnahmen in der Regel von einem Auftraggeber initiiert werden, der auch das Ergebnis verifizieren möchte, ist es von vorn herein notwendig, die Rahmenbedingungen, aber auch die Art des erwartbaren Ergebnisses klarzustellen.

Begleiten wir zur Verdeutlichung die Firma PowerSocks bei einem solchen Unterfangen. Deren für Vertrieb und Marketing zuständige Geschäftsführerin, Frau Holle, hat die Vermutung, dass die Zusammenarbeit zwischen der Marketing- und der Verkaufsabteilung problematisch ist. Sie kann sich nicht wirklich erklären, woran es liegt. Es kommt jedoch häufig vor, dass sich die Abteilungen auf die jeweils andere ausreden, wenn sie ihre eigenen Ziele nicht erreichen, einander wechselseitig Inkompetenz vorwerfen und der Arbeitsablauf durch tägliche Missverständnisse gekennzeichnet ist. Aus diesem Grund beschließt Frau Holle, einen Berater zu beauftragen. Dieser soll die Strukturen mittels der SIA beleuchten und aufzeigen, welche strukturellen Änderungen erfolgversprechend sein könnten.

Würde sich der Berater, Herr Prinz, in dieses Projekt stürzen, ohne die Zielsetzung abgestimmt zu haben, könnte die Freude über den Auftrag rasch getrübt werden, wenn er etwa keine verwertbaren Informationen aus den Teams erhält, diese bewusst Lager bilden und Sprachregelungen für die Befragungen festlegen und ihm letztlich der Bericht von Frau Holle selbst um die Ohren geworfen wird, wenn er ihr beibringen will, dass als Hauptgrund für die Probleme die Unabgestimmtheit der Führungsmannschaft identifiziert wurde.

Um den Boden für ein erfolgversprechendes Beratungsprojekt zu ebnen, wäre es deshalb empfehlenswert, wenn Herr Prinz zuerst die konkreten Ziele erhebt, die Frau Holle mit ihrer Initiative verfolgt. Geht es um die Vermeidung von Ineffizienzen? Ist das Arbeitsklima gefährdet? Soll Personal auf- oder abgebaut werden? Viele Berater laufen leere Kilometer, da sie an diesem Punkt voreilig in den Auftrag starten, denn nicht immer entsprechen die wahren Beweggründe den offen gesagten und es kostet viel Zeit, in Erfahrung zu bringen, was „wirklich" dahintersteckt.

Darüber hinaus erfordert die SIA eine sehr enge Kopplung mit den zu modellierenden Systemen, also in diesem Fall die beiden betroffenen Teams. Dies kann nur gelingen, wenn Frau Holle ihren Teams klar und unmissverständlich mitteilt, dass sie voll hinter dem Vorhaben steht und jeder nach besten Kräften zum Erfolg beitragen möge. Dies impliziert aber auch, dass es möglich sein muss, über „alles" zu reden. Mitarbeitern darf kein persönlicher Nachteil erwachsen, wenn sie offen über die Situation berichten. Das Ansprechen von Tabus, Kommunikation über Führungskräfte und Behandlung unangenehmer Themen müssen zulässig sein. Dies ist mit einem „internen Zeugenschutzprogramm" vergleichbar. Nur Mitarbeiter, die darauf vertrauen können, dass sie in guten Händen sind, werden die Fakten mitteilen, auf die es ankommt.

Erst wenn diese Aspekte geklärt sind, lässt sich sagen, ob eine SIA sinnvoll ist. Falls sie zur Anwendung kommt, gilt es auch noch, die betroffenen Personen über den Ablauf zu informieren und auch den Auftraggeber davon in Kenntnis zu setzen, wie die SIA funktioniert. Frau Holle muss klar sein, dass das Ergebnis eine Beschreibung des Status quo ist. Herr Prinz sollte Frau Holle tunlichst eine schriftliche Bestätigung zur Vorgehensweise und zur Erwartungshaltung abringen. Wenn Ressentiments bestehen, ist dies der richtige Zeitpunkt, darüber zu reden und diese aus der Welt zu schaffen. So sollte etwa festgehalten werden, dass mittels der SIA Strukturen und Interaktionsabläufe transparent gemacht werden. Die Methode bringt aber nicht zwingend auch die geeigneten Lösungen mit sich. Mit hoher Wahrscheinlichkeit werden aber Problemfelder oder Knackpunkte sichtbar. Passende Maßnahmen gilt es aber erst im Anschluss daran zu entwickeln. Mittels Simulation kann das Verfahren szenariotechnisch den Einfluss hypothetischer struktureller Veränderungen veranschaulichen. Letztendlich ist Frau Holle mit ihren Teams jedoch gefordert, mit den gewonnenen Informationen zu arbeiten und etwas daraus zu machen. Oftmals kann es erforderlich sein, ein weiteres Beratungsprojekt anzuschließen, das die Konzeption und Umsetzung von Verbesserungsmaßnahmen zum Ziel hat. Insbesondere soziale Strukturen lassen sich nicht per Anweisung und „von heute auf morgen" ändern.

Die Vorbereitung beschränkt sich jedoch nicht nur auf die Information der Betroffenen und des Auftraggebers. Herr Prinz kann sich seine Arbeit erleichtern, wenn er von „Insidern" über die Geschäftsaktivitäten eines Sockenerzeugers eingeweiht wird. Es hilft ihm zu wissen, wie die Wertschöpfungskette funktioniert, mit welchen Herausforderungen ein solches Unternehmen konfrontiert ist und welche Fachausdrücke verwendet werden. Natürlich ist es auch vorteilhaft, sich die Unternehmensstruktur zu verinnerlichen und den Geschäftsbericht zu lesen. Kurzum, Herr Prinz sollte versuchen, schon im Vorfeld in groben Zügen die Gedankenwelt seines Kunden zu verstehen, damit er sein Beratungskonzept, seine Interviewfragen und die Wahl die Gesprächspartner entsprechend effektiv gestalten kann. Selbst wenn die inneren Strukturen und Errungenschaften meist gänzlich anders gesehen werden, als sie im Geschäftsbericht stehen, so erfährt der Berater zumindest, wie PowerSocks am liebsten von außen wahrgenommen werden möchte und er bekommt ein Gefühl für das Geschäft seines Kunden.

Dies ist auch der Zeitpunkt, zu dem Herr Prinz erstmals seine Vorurteile, Grundeinstellungen und sein Wissen über die Firma PowerSocks reflektieren und dokumentieren sollte. Mit dem Festhalten der für ihn wahrnehmbaren Ausgangssituation, etwaiger Konflikte und prägender Eindrücke, entsteht eine Wissensbasis, die im Laufe des Beratungsprojekts zunehmen konkreter werden wird und die nicht nur das betroffene System, sondern auch den Einfluss von Herrn Prinz greifbar und nachvollziehbar macht.

Zusammenfassend sollten daher im Vorfeld folgende Punkte geklärt werden:

- „Wahre" Intention des Auftraggebers;
- Unterstützung seitens übergeordneter Ebenen (etwa Unternehmensleitung);
- Offene Kommunikation der Ziele;
- Keine nachteiligen Folgen für Mitarbeiter infolge ehrlicher Auskünfte;
- Kommunikation der Vorgehensweise an Betroffene und Auftraggeber;
- Erläuterung der Art der Ergebnisse an den Auftraggeber;
- Bestätigung der Vorgehensweise durch den Auftraggeber;
- Nach außen verfügbare Informationen über die betroffenen Systeme sammeln, um das Beratungskonzept entsprechend gestalten zu können;
- Reflexion und Dokumentation der eigenen Einstellungen und Vorurteile;
- Dokumentation der Ausgangssituation im System.

Zugegeben, dies ist eine umfassende Aufgabe, mit der Herr Prinz zu Beginn seines Vorhabens konfrontiert ist. Ein großer Teil des Erfolgs entscheidet sich jedoch bereits in dieser Phase. Bildlich gesprochen, sollte er sich auf der Suche nach Schneewittchen darüber im Klaren sein, dass es neben den sieben Zwergen auch noch eine Stiefmutter gab, die nicht unwesentlich die Handlung beeinflusste. Ansonsten könnte unterwegs der genüssliche Verzehr eines Apfels Folgen haben, mit denen unser Prinz im Traum nicht gerechnet hätte.

Erfassung der Parameter

Bei überschaubaren Teams von fünf bis etwa 15 Personen ist es noch praktikabel, sämtliche Mitglieder direkt zu befragen. Anders stellt sich die Situation bei der Firma PowerSocks dar, wo in Vertrieb und Marketing etwa 100 Personen tätig sind. Der Berater würde alleine mit der Vorbereitung und Durchführung der Interviews mehrere Monate beschäftigt sein. Daher ist er gezwungen, sich auf die wesentlichen Personen zu konzentrieren. Als Externer kann er selbst jedoch nicht wissen, wo diese zu finden sind, und wie jeder Mitarbeiter von PowerSocks bestätigen würde, ist das Organigramm auch nur das Papier wert, auf dem es gedruckt wurde. Daher ist Herr Prinz gut beraten, bereits an dieser Stelle das Wissen des Systems zu nutzen, um die Schlüsselpersonen ausfindig zu machen. Frau Holle kann ihm vielleicht ein paar Personen nennen, die schon länger im Unternehmen sind, die Personalabteilung hat eine Mitarbeiterliste und kann Mitarbeiter, die erst seit Kurzem dabei sind, herausfinden. Ergänzend kann das Organigramm natürlich auch genutzt werden, um Personen zu identifizieren, die zumindest viel mitzureden haben sollten. Auf diese Weise hat Herr Prinz rasch drei bis fünf Mitarbeiter zusammen, die gemeinsam einen tiefen internen Blick, eine gewisse Unbefangenheit und formale Knotenpunkte repräsentieren. Für einen ersten Überblick reicht das aus.

Abbildung 5.1 Beispiel einer ersten Strukturerfassung

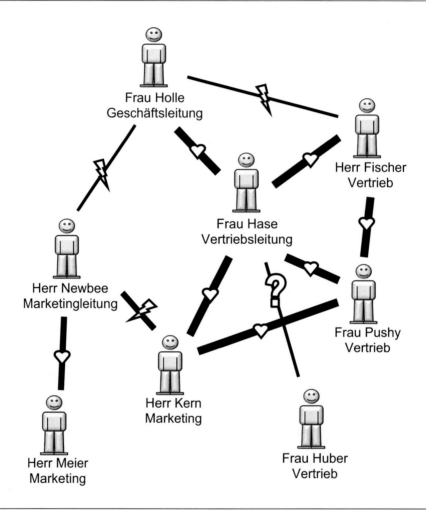

Anschließend gilt es, durch Gespräche mit diesen Personen herauszufinden, wo die wirklichen Kommunikatoren sind, welche Kollegen von der Kommunikation abgeschnitten sind und wo sich gewisse „Lager" oder Subgruppierungen bilden. Die Gespräche können durchaus noch sehr informellen Charakter aufweisen, da es noch nicht um eine Detailerfassung geht, sondern um möglichst rasch die neuralgischen Punkte identifizieren zu können. Ein Zeitrahmen von einer halben Stunde pro Gespräch ist hierfür sicherlich ausreichend. Dennoch sollte Herr Prinz auch in dieser Phase die Eckpunkte dokumentieren und festhalten, wer mit wem eng interagiert, welche Personen überlastet sind und so weiter. Die so gewonnenen Erkenntnisse werden nun in eine Skizze eingetragen, welche die Schlüsselpersonen anführt und die Interaktionsbeziehungen grob erfasst. Dies ist der Ausgangspunkt für die Auswahl jener Personen, mit denen vertiefende Gespräche geführt werden und die im Modell erfasst werden sollen.

Abbildung 5.1 zeigt beispielhaft eine Struktur, die Herr Prinz durch seine ersten Gespräche in Erfahrung bringen könnte. Deutlich erkennbar ist, dass der neue Marketingleiter, Herr Newbee, offensichtlich Schwierigkeiten hat, zu Frau Hase durchzudringen, die vermutlich die Fäden in der Hand hält. Das einzige operativ verbindende Element, Herr Kern, hat darüber hinaus eher Kontakt zum Vertriebsteam als zu seiner eigenen Abteilung.

Um eine solche Erstindikation zu erhalten, muss der Berater nicht mit allen beteiligten Personen sprechen. Mit hoher Wahrscheinlichkeit erhält er die notwendigen Informationen, wenn er mit Frau Hase, Frau Pushy, Herrn Newbee und Herrn Meier kurze Gespräche führt.

Im nächsten Schritt wird die Erhebung konkretisiert. Aus der Erstanalyse hat Herr Prinz eine qualifizierte Indikation, wer in jedem Fall eine Repräsentanz im Modell finden soll. Dies sind jene Personen, die es in einer ersten Runde zu befragen gilt. Nachdem die Ergebnisse aus dieser Phase jedoch direkt zur Modellbildung herangezogen werden, ist auch der Anspruch an die Gespräche nun deutlich höher. Daher sollte sich der Berater entsprechend auf jedes Interview vorbereiten, indem er Leitfragen in der Sprache des zu untersuchenden Systems ausarbeitet, anhand derer er die Befragungen durchführt. Sie dienen dazu, rasch an das System „anzudocken", keine relevanten Sachverhalte zu übersehen und den Blick fürs Ganze zu behalten.

Beispiele für solche Leitfragen wären etwa:

- Beschreiben Sie bitte Ihre Rolle und gehen Sie darauf ein, mit wem Sie typischerweise zusammenarbeiten.
- Wer hat den größten (geringsten) Einfluss auf Ihre Tätigkeit?
- Mit wem haben Sie am häufigsten (seltensten) Kontakt?
- Wem vertrauen Sie besonders?
- Wer wirkt irritierend auf das Gefüge?
- Wie sehen Sie die Rolle von Herrn Newbee?
- Wer trifft die relevanten Entscheidungen?
- Gibt es Untergruppen?
- Nehmen Sie Konflikte in den Teams wahr?
- Weicht die reale Struktur vom offiziellen Organigramm ab? Warum?
- Wie sollte die Organisationsstruktur Ihrer Meinung nach gestaltet sein?
- Welche Abläufe funktionieren aus Ihrer Sicht optimal?
- ....

Wichtig ist, dass die Fragen entsprechend den Erkenntnissen der Ersterhebung angepasst werden und durchaus direkt vermutete Problemstellen adressieren. Ansonsten besteht die Gefahr, dass die Interviewpartner um den heißen Brei herumreden und die wirklich relevanten Themen nicht zur Sprache kommen. Allerdings sollte sich Herr Prinz auch nicht krampfhaft an die Leitfragen klammern. Da er anfangs nur vermuten kann, wie die Strukturen gestaltet sind, muss er auch bewusst offen in die Gespräche gehen und Raum für neue Erkenntnisse lassen. Diese Gratwanderung zwischen Struktur und Offenheit stellt hohe Ansprüche an den Interviewenden.

Neben der Vorbereitung von Leitfragen sollte sich der Berater auch eine erste Hilfe zur Kalibrierung der Interaktionsbeziehungen zurecht legen. Dazu fertigt er eine Tabelle an, die beschreibenden Worten und Beispielen Verbindungsparameter zuordnet. Mit deren Hilfe kann er während der Gespräche konkreter nachfragen und dahingehend auch eine Kalibrierung der verschiedenen Aussagen vornehmen. So werden bestimmte Mitarbeiter unter „häufigen Treffen" mehrere Gespräche pro Tag verstehen und andere vielleicht nur einen wöchentlichen Austausch. Die Frage nach der täglichen Interaktion konkretisiert dies und schafft Vergleichbarkeit.

Die in **Tabelle 5.1** angeführten Beispiele sind Anhaltspunkte für Kalibrierungstabellen, die ebenfalls systemspezifisch angepasst und konkretisiert werden sollten. Vor allem ergeben sich aber auch im Laufe der Interviews immer wieder neue Erkenntnisse in Form von Redewendungen, systeminternen Attributen und so weiter, die wiederum in die Liste aufgenommen werden sollten. Auf diese Weise entwickelt sich die Tabelle zu einer stetig präziser werdenden Übersetzungshilfe zwischen verbalen Beschreibungen und Parametern zur Modellierung.

Mit dieser Vorbereitung kann nun Herr Prinz in die Einzelgespräche einsteigen. Er sollte sich vor jedem Gespräch Zeit nehmen, um sich die wesentlichen Themenpunkte in Erinnerung zu rufen und die Kalibrierung durchzugehen, damit er dadurch im Interview nicht abgelenkt ist. Zudem ist es hilfreich, unmittelbar davor seine eigenen Einstellungen und Vorurteile zur jeweiligen Person festzuhalten, um sich der eigenen Beeinflussung bewusst zu werden und deren Wirkung im Gespräch möglichst zu relativieren. Diese Maßnahme hilft, selbst Suggestivfragen zu erkennen und an den relevanten Stellen auch dem Gegenüber bewusst Freiraum zu geben.

Es empfiehlt sich, die Interviews mit einer Dauer von etwa ein bis zwei Stunden anzusetzen und ein ungestörtes, neutrales Setting zu wählen. Förderlich ist auch die Aufzeichnung mittels eines Aufnahmegeräts. Dadurch kann sich der Interviewer mental stärker auf das Gespräch einlassen und ist nicht durch Notizen abgelenkt. Zudem zeigt die Erfahrung, dass gewisse Untertöne oder eigene Beeinflussungen unmittelbar oft übersehen werden. Beim nachträglichen Abhören der Interviews kommen diese jedoch sehr deutlich zur Geltung.

Tabelle 5.1 Beispiel einer Kalibrierungstabelle

Einfluss	Beschreibung	Beispiele, Aussagen
Sehr stark	Sehr enge Kopplung: Die Person hat einen sehr großen Einfluss auf die eigene Einstellung (positiv oder negativ). Die eigene Meinung hat vergleichsweise wenig Relevanz.	Anweisungen dieser Person sind zwingend umzusetzen, wenn man im Unternehmen bleiben möchte. Mein bester Kumpel im Team. Das ist der Experte, der wirklich weiß, wie der Hase läuft. Dieser Kollege verursacht mir nichts als unnötigen Aufwand.
Stark	Enge Kopplung: Die Person hat einen relevanten Einfluss auf die eigene Einstellung. Die eigene Meinung fließt jedoch in einem merklichen Ausmaß ein.	Diese Person genießt im Unternehmen hohes Ansehen, ihre Entscheidungen werden respektiert. Ich habe ein gutes Verhältnis zu dieser Person. Sie kennt sich in ihrem Fachbereich gut aus. Es kommt doch ab und an vor, dass ich wegen dieser Person etwas auszubügeln habe.
Gering	Lose Kopplung: Die Person hat einen geringen, aber merklichen Einfluss auf die eigene Einstellung. Im Vordergrund steht die eigene Meinung.	Mit dieser Person arbeite ich vereinzelt zusammen. Sie hat viel im Bereich mitzureden, hält sich aber aus meinen Aufgabenbereichen heraus.
Keiner	Keine Kopplung: Die Person hat keinen Einfluss auf die eigene Einstellung.	Zu dieser Person kann ich nichts sagen. Mit ihr habe ich so gut wie keinen Kontakt. Diese Person ist in einem komplett anderen Bereich tätig, mit dem wir nichts zu tun haben.

Um eine offene und vertrauensvolle Gesprächsbasis herzustellen, sollte Herr Prinz einleitend auch kurz erläutern, wie der Ablauf der Erhebungen vorgesehen ist und wie die Ergebnisse verwertet werden. Es versteht sich von selbst, dass die Interviewergebnisse diskret behandelt werden und im System bleiben sollen. Dies sollte er den Gesprächspartnern mitteilen und sie um ihre Zustimmung zu dieser Vorgehensweise ersuchen. Notfalls muss von einer Aufzeichnung abgesehen werden, aber es ist unbedingt erforderlich, dem Gegenüber die Sicherzeit zu geben, dass die Aussagen nicht eines Tages zu dessen Nachteil verwertet werden. Was den Gesprächsfokus betrifft, ist es hilfreich, die Interessenschwerpunkte zu nennen, um auch dem Interviewpartner einen Anhaltspunkt für seine Schilderungen zu liefern. Da sich Personen tendenziell in ihrer Wirkung auf andere schwer einschätzen können, ist es hilfreich, den umgekehrten Weg zu gehen und zu erfragen, wie stark sie durch ihre Kollegen beeinflusst werden. Dies kann in der Regel beantwortet werden.

Die Rolle des Beraters im Erfassungsprozess ist die eines Katalysators und Filters. Er muss dafür sorgen, dass es zu einem offenen Gesprächsklima kommt, in dem ihm die strukturell relevanten Aspekte kommuniziert werden. Ferner ist es seine Aufgabe sicherzustellen, dass trotz unterschiedlicher Ausdrucksweisen, Einstellungen und Sichtweisen der Befragten ein vergleichbares Parametersystem entsteht. Nach drei bis fünf Interviews sollte eine Zwischenbilanz gezogen werden, um die Leitfragen den bisherigen Erkenntnissen anzupassen und das Bild der sozialen Struktur zu überarbeiten. Da die anfängliche Einschätzung zur Auswahl der zu befragenden Personen eine sehr grobe war, sollte auch in den Interviews aktiv nachgefragt werden, welcher Kollege noch wichtige Informationen zu den relevanten Themenpunkten einbringen könnte. Unser Berater, Herr Prinz, könnte auf diese Weise erfahren, dass die ehemalige Marketingleiterin, Frau Goldkehlchen, nicht loslassen kann. Sie trifft sich trotz ihrer Pensionierung nach wie vor wöchentlich mit Frau Hase und Herrn Kern im Pokerclub und diskutiert mit ihnen die Marketingstrategien. Die drei sind nach wie vor das informelle Führungsteam des Marketing- und Vertriebsapparates. Mit diesem Wissen sollte Herr Prinz versuchen, auch Frau Goldkehlchen zu befragen. Sie hat nichts zu verlieren, offensichtlich Interesse an der Entwicklung der Abteilungen und wird vermutlich bereitwillig über die Abläufe und Strukturen berichten.

Ein geübter Berater wird feststellen, dass er zu Beginn noch viele unzusammenhängende Aspekte in Erfahrung bringt, die nach und nach ein immer konkreteres Bild ergeben. Ab einer gewissen Anzahl von Interviews stellt sich jedoch eine Sättigung ein und wenn davon ausgegangen werden kann, dass eine Einbeziehung weiterer Personen keine nennenswerten neuen Erkenntnisse bringt, können die Befragungen abgeschlossen werden. Nachdem allerdings mit einer „qualifizierten Vermutung" zur Struktur und zu den Schlüsselpersonen begonnen wird und sich die wirklichen Konstellationen erst sukzessive offenbaren, kann von vornherein nicht genau gesagt werden, wie viele und welche Personen zu interviewen sind oder wie lange die Erhebung dauert.

Sobald diese erledigt ist, liegt zu jeder Zweierbeziehung eine Beschreibung vor, welche die Stärke und Qualität der Kopplung sowie die Häufigkeit der Interaktionen dokumentiert. Zudem sollten nach dieser Phase auch zu jeder Person Beharrlichkeit und Wirkung bekannter Informationen erfasst sein. Aufbauend auf diesen Daten kann die Modellierung erfolgen. Entscheidend ist für den Berater, dass er sich auf die Erhebung von Zweierbeziehungen konzentriert, die für ihn punktuell jeweils überschaubar sind. Die SIA fügt diese zu einem Gesamtbild zusammen und schafft die Brücke zwischen der Komplexität, die für eine qualifizierte Modellierung notwendig ist, und jener, die der Berater verarbeiten kann.

Mittels Fragebögen kann dieser Prozess zumindest in bestimmten Punkten beschleunigt werden. So kann der Berater die als relevant identifizierten Personen ersuchen, einen Fragebogen auszufüllen, um anzugeben, von welchen Systemmitgliedern sie beeinflusst werden. Indem nach der Intensität der Beeinflussung („Diese Person beeinflusst mich in meiner täglichen Arbeit sehr stark." vs. „Diese Person beeinflusst mich in meiner täglichen Arbeit überhaupt nicht."), nach dem Vertrauensverhältnis („genießt mein Vertrauen" vs. „bereitet mir unnötige Arbeit") und der Häufigkeit von Interaktion („Treffen pro Woche?") gefragt wird, kann automatisiert eine erste Abbildung der Struktur erstellt werden. Personen, mit denen keine Interaktion stattfindet, wären dabei mit „Ich kenne diese Person zu wenig, um sie bewerten zu können." zu markieren. Dem Berater bleibt es natürlich auch in diesem Fall nicht erspart, mittels Interviews die Aussagen zu kalibrieren und die Plausibilität der Angaben zu verifizieren. Eine automatisierte Voranalyse hätte aber den Vorteil, dass bereits zum Interviewzeitpunkt eine Grundstruktur vorliegt, die es zu verfeinern gilt. Allerdings birgt diese Vorgehensweise auch die Gefahr einer Voreingenommenheit. Da der Berater ein Bild von der Gesamtstruktur hat, ist er geneigt, diese als „wahr" anzusehen und mögliche andere Ausprägungen zu vernachlässigen. Aus diesem Grund ist bei einer automatisierten Vorauswertung unbedingt auf eine offene Gesprächsführung und Flexibilität im Prozess zu achten.

Modellierung

Sobald die Parameter in einer kalibrierten Form vorliegen, folgt die Übertragung in das Modellkonzept der SIA. Dazu werden die relevanten Personen erfasst und entsprechend **4.2 Modell und Parameter** Werte für die eigene Beharrlichkeit und Echodämpfung zugewiesen. Anschließend sind sämtliche Interaktionsbeziehungen mit Parametern zu versehen. Stellt man die eingegebenen Werte – insbesondere Einfluss und Vertrauen – grafisch dar, indem sie als Verbindungslinien in Farbe und Stärke codiert sind, erhält man bereits ein gutes Gefühl für die Struktur des modellierten Systems.

Unmittelbar ersichtlich werden von der Kommunikation abgeschnittene Personen (etwa Frau Huber im Beispiel von PowerSocks), Kommunikationsknotenpunkte (Frau Hase) und Stellen, an denen unterschiedliche Denkweisen aufeinanderprallen (Herr Newbee).

Die Aufgabe des Beraters ist es nun, derartige Muster zu erkennen und Hypothesen zur Struktur und zu den damit verbundenen Dynamiken zu erstellen. Alleine die Visualisierung der Struktur wird den Betroffenen nur bedingt Erkenntnisse vermitteln. Meist ist es für sie hilfreich, wenn von neutraler Stelle kritische Punkte und deren Konsequenzen aufgezeigt werden.

Aufgrund der Tatsache, dass er mit sämtlichen Personen, die im Modell vorkommen, Gespräche geführt hat, gelingt es dem Berater, Einzelaussagen in einen Zusammenhang zu bringen. So könnte Herr Prinz von Herrn Kern erfahren, dass Frau Hase ihn in Marketingangelegenheiten als primären Ansprechpartner sieht. Ebenso würde ihm Herr Newbee erzählen, dass dieser sich in der Struktur noch nicht ganz eingefunden hat, wobei es ihm Frau Holle schwer macht, da sie sich in wichtigen Belangen direkt mit Frau Hase berät. Diese könnte wiederum die Angelegenheit so beschreiben, dass sie die wichtigen Informationen hat und in Abstimmung mit Frau Holle rascher zu Ergebnissen kommt, weswegen sie Gespräche mit Herrn Newbee für überflüssig erachtet. Die Gesamtkonstellation würde sich dann so darstellen: Frau Holle vertraut Frau Hase, welche wiederum die für sie relevanten Marketing-Informationen von Herrn Kern erhält. Die drei bilden ein wichtiges Subteam innerhalb der Struktur, vereint in ihrem Misstrauen gegenüber dem Neueinsteiger, Herrn Newbee. Damit ist dieser von der Steuerungsstruktur abgeschnitten und das Vorurteil bestätigt sich. Herr Newbee hat in dieser Konstellation keine Chance, erfolgreich zu sein, wenn es ihm nicht gelingt, neue Allianzen aufzubauen oder eine der drei Personen umzustimmen. Frau Hase, Herr Kern und Frau Holle haben mitunter berechtigte Zurückhaltung, was den neuen Kollegen betrifft. Gemeinsam in ihrem Zusammenwirken verhindern sie aber auch, dass sich die Situation ändert. Herr Prinz, der dieses Muster erkennt und gegenüber dem Team aufzeigt, verändert dessen Wahrnehmung. Aus dem Problemkind Newbee wird ein Kollege, dem seine Arbeit unnötig schwer gemacht wurde und der in dieser Konstellation scheitern muss. Mit diesem Wissen liegt es an den Beteiligten, etwas an der Situation zu ändern. Sie sind aber schlagartig auch verantwortlich für die Veränderung und können diese Aufgabe nicht allein Herrn Newbee zuschieben.

Um zu verifizieren, ob das Modell und die daraus abgeleiteten Hypothesen einen Realitätsbezug aufweisen, sollte der Berater in einem nächsten Schritt bekannte Abläufe simulieren, die er in den Interviews erfahren hat. Wiederum kann er durch Zusammenführung von Einzelerkenntnissen Gesamtszenarien entwickeln. Herr Meier aus der Marketingabteilung beklagte sich etwa im Interview darüber, dass seine Ideen immer wieder im Sand verliefen oder sogar große Gegenwehr provozierten. Die Einstellung von Frau Holle und Herrn Kern zum neuen Marketingleiter ist ebenso bekannt. Zur Simulation des Ganzen wird nun ausgehend von Herrn Meier ein Informationsimpuls in das System eingebracht. Aufgrund der Tatsache, dass sich ausschließlich Herr Newbee von Herrn Meier beeinflusst sieht und dieser wiederum mit Frau Holle und Herrn Kern ein problematisches Verhältnis hat, wird aus der Simulation deutlich, dass spätestens an dieser Stelle die Idee von Herrn Meier scheitern muss (**Abbildung 5.2**). Die Einschätzung von Herrn Meier wurde damit bestätigt.

Bei jeder Simulation sollte darauf geachtet werden, dass gegenwärtige Sichtweisen einzelner Personen einen großen Einfluss auf das Ergebnis haben können. Wenn es nicht nur darum geht, wie ein Informationstyp durch das Netz propagiert, sondern die Beeinflussungsstruktur zu einer konkreten Fragestellung errechnet werden soll, muss daher auch für jede Person deren Grundeinstellung als Startbedingung einfließen. Diese Information sollte im Rahmen der Interviews bereits erfasst worden sein, da diese an die Aufgabenstellung angepasst auszurichten sind. Daraus abgeleitet sind nun die individuellen Einstellungen je Person festzulegen, bevor die Simulation gestartet wird. Am Beispiel von Herrn Meiers Idee könnte etwa Frau Hase eine entscheidende Rolle spielen.

Abbildung 5.2   Simulation: Herrn Meiers Idee

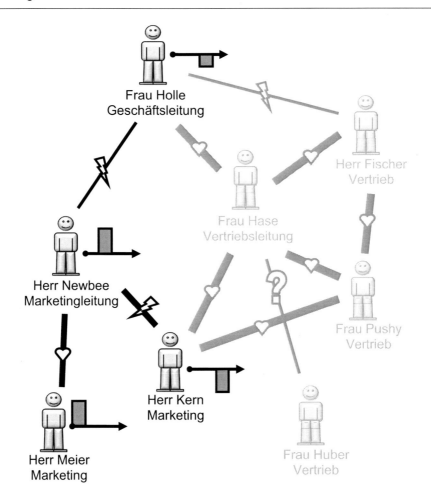

Wenn Herr Meier und Frau Hase gleichermaßen im Zuge einer Tagung auf dieselbe Idee gekommen wären, dass die Zielgruppe der spanischen Gigolos einen massiven Geschäftszuwachs bedeuten müsste, dann ist die Chance hoch, dass Frau Holle einer Umsetzung des Konzepts zustimmt – selbst wenn sie an den Aussagen Herrn Newbees zweifelt. Umgekehrt würde Herr Newbee bei Frau Holle noch stärker abblitzen, wenn Frau Hase eine andere Grundeinstellung hätte und keine Chance sieht, einem Gigolo das Tragen von Socken schmackhaft zu machen.

Selbstverständlich können sich auch Unstimmigkeiten zeigen, bei denen Aussagen von Betroffenen nicht mit den Ergebnissen der Simulation übereinstimmen. Diesen Punkten sollte der Berater insbesondere nachgehen, da sie Indikationen dafür sind, dass Aussagen inkonsistent sind oder dass die Parameter des Modells nicht richtig erfasst wurden. In beiden Fällen lohnt es sich, der Sache auf den Grund zu gehen. Dafür eignet sich neben neuerlichen Interviews die anschließende Rückkopplung an die Systemmitglieder.

Rückkopplung & Anpassung

Die Zusammenführung der Einzelsichtweisen zu einem Abbild des Gesamtsystems ist ein entscheidender Schritt bei der SIA. Obwohl die Erhebung unter Einbeziehung der Betroffenen erfolgte, ist nicht sichergestellt, dass das Ergebnis auch deren Wahrnehmung widerspiegelt. Um einerseits zu verifizieren, dass die Transformation von verbaler Beschreibung auf Parameter die Sichtweise der Systemmitglieder korrekt wiedergibt und um andererseits auch emergente Wirkungen passend zu erfassen, sollte das Gesamtbild mit den Betroffenen reflektiert werden. Durch die Übertragung auf das Modell erfolgten bereits eine Abstraktion der verbalen Aussagen und eine Verdichtung zu Verbindungsparametern. Damit sind Rückschlüsse auf konkrete Aussagen unmöglich und eine Besprechung in der Gesamtrunde durchaus machbar. Sofern sich aber besondere Ausprägungen zeigen oder wenn einzelne Akteure sehr exponiert sind, gibt es als Beratungsstrategie zwei Wege: Anonymisierung oder Offenlegung.

Damit der Berater die richtigen Fragen stellen kann, ist es zunächst einmal nützlich, wenn er selbst weiß, um welche Personen es sich handelt und welche Mitglieder besonders wirksame (oder unwirksame) Funktionen einnehmen. Dies kann etwa durch eine Kodierung erleichtert werden. Eine sinnvolle Vorgehensweise ist in diesem Zusammenhang, den Workshopteilnehmern nur deren eigene Codes zu geben, sodass diese sehr wohl ihre Einbettung reflektieren können, aber die Anonymität der anderen Gruppenmitglieder gewahrt bleibt. Zum anderen aber gibt es besonders in überschaubaren Zusammenhängen immer wieder die Situation, dass man zwar anonymisiert „herumreden" kann, aber dennoch alle wissen, welche Person beziehungsweise Personen nur gemeint sein können. Hier muss die „Brutalität" von Offenlegungen bedacht werden. Offenheit heißt immer, dass man „Ross und Reiter" nennt, gleichzeitig steigt damit aber der Spannungspegel. Das alles sagt wieder etwas über den Zustand des Teams aus, mit dem man es als Berater zu tun hat. Gruppen, die mehr Offenheit untereinander entwickelt haben, sind solchen Gruppen, in denen kritische Sachverhalte nur indirekt ansprechbar sind, in der Regel überlegen. Andererseits ist es, geleitet von Vorstellungen über entwickelte und weniger entwickelte Gruppen, nicht ratsam, diesen mit einer Aufklärerattitüde „Wahrheiten" aufzudrängen.

Die Rückkopplung erfolgt in Form eines Workshops, bei dem der Berater den Befragten das modellhafte Abbild der realen Strukturen erläutert. Hierbei handelt es sich um eine besonders heikle Phase, denn es zeigt sich nicht nur, wie der eigene Einfluss seitens der Kollegen wahrgenommen wird, sondern es werden auch potenzielle Konfliktfelder zur Schau gestellt. Aus diesem Grund ist es unerlässlich, solche Workshops kompetent zu moderieren. Soziale Strukturen sind geprägt von Emotionen, Konflikten, Tabus, Vorurteilen und so weiter. Diese gänzlich auszudiskutieren, würde wohl in den meisten Fällen mehrere Psychologen und Mediatoren erfordern. Deshalb geht es darum, dass eine neutrale Metaebene gefunden wird, auf der gruppendynamische Effekte, Interaktionen und Wirkungen offen und klar besprochen werden, ohne auf einzelne Individuen (als tatsächlich oder vermeintlich Schuldige) loszugehen. Die Kunst des Moderierens ist hier, zwischenmenschliche Problemstellungen zu thematisieren, ohne einzelne Personen zu exponieren.

Bereits in der Einleitung zum Workshop empfiehlt es sich daher, gruppendynamische Phänomene, die in den Analysen zu Tage treten, theoretisch zu erläutern, um den Rechtfertigungsdruck für die Betroffenen zu relativieren. Nur in den seltensten Fällen ist tatsächlich „jemand" für eine problematische Konstellation verantwortlich und es ist fast ausgeschlossen, dass dies vorsätzlich erfolgt. Meist sind es widersprechende Zielsetzungen oder spezielle soziale Konstellationen, die Probleme verursachen, welche aber erst in der Zusammenarbeit zwischen den Systemmitgliedern sichtbar werden. Selbst wenn die Gründe für problematische soziale Konstellationen nicht einzelnen Personen zugeordnet werden können, entfalten diese erst durch das Handeln der Betroffenen ihre Wirkung. Daher ist es im „Alltagsbewusstsein" auch naheliegend und üblich, systembedingte Schwierigkeiten einzelnen Personen zuzurechnen. Dass dies eine unzulässige Verkürzung komplexer Konstellationen und Sachverhalte ist, kann allen Workshopteilnehmern vor Präsentation der Ergebnisse erläutert werden. Ob sie es kognitiv und emotional aufgenommen haben, erweist sich in der Diskussion, in der man an gegebener Stelle auf mögliche reduktionistische Verkürzungen aufmerksam macht.

Der Rückkopplungsworkshop ist in mehreren Hinsichten wertvoll. In erster Linie sorgt die gemeinschaftliche Reflexion dafür, dass individuelle Fehleinschätzungen, bewusste Instrumentalisierungsversuche und verzerrte Sichtweisen aufgedeckt und relativiert werden können. Darüber hinaus ist es normal, wenn sich in den Interviews widersprüchliche Sichtweisen zu den Strukturen ergeben. Diese können ebenso wie Unklarheiten thematisiert und gemeinsam gelöst werden. So kann Herr Prinz den Workshop auch dazu nutzen, um die Rolle und Einbindung Frau Hubers in die Konstellation zu hinterfragen, wenn dies aus den Interviews nicht deutlich genug hervorging.

Da den Systemmitgliedern im Rahmen des Workshops auch ein Bild zur Gesamtstruktur vermittelt wird, sollen sich diese auch einbringen, um Anpassungen in den Parametern vorzunehmen. Selbst in dieser Phase könnte noch deutlich werden, dass eine weitere Person maßgeblich mitwirkt, die noch gar nicht erfasst wurde. Das Konzept der SIA ermöglicht es ausdrücklich, auf derartige neue Erkenntnisse einzugehen und das Modell um einen weiteren, später auftauchenden „Spieler" zu ergänzen. Nach Durchlauf und Klärung etwaiger unterschiedlicher Sichtweisen liegt mit hoher Wahrscheinlichkeit eine Darstellung vor, die alle Beteiligten mittragen können. Sie bietet eine Basis für künftige Diskussionen und Versuche zur Verbesserung der Lage.

Besonderes Potenzial erhält der Rückkopplungsworkshop auch durch die Anwesenheit sämtlicher relevanter Akteure. Sobald sie sich über die Modellierung einig sind, können sie daran arbeiten, Maßnahmen gegen die erkannten Problemfelder zu erarbeiten. Durch die

Betrachtung im gesamtheitlichen Kontext eröffnen sich in der Regel deutlich mehr Ansatzmöglichkeiten, als dies einzelne Personen aus ihren jeweils individuellen Perspektiven für möglich halten. Die Firma PowerSocks hätte daher nicht nur die Option, Frau Goldkehlchen aus dem Ruhestand zurückzuholen. Betrachtet man das gesamte Szenario, könnte Frau Holle den neuen Kollegen stärker in ihre Entscheidungen einbinden, Frau Hase aktiv an einer besseren Zusammenarbeit mitwirken oder Herr Kern seinem neuen Vorgesetzten etwas mehr Vorschussvertrauen entgegenbringen. Natürlich könnte auch Herr Newbee daran arbeiten, Frau Hase oder Frau Pushy für sich zu gewinnen. Mit einem Mal scheint eine Vielzahl von Hebeln zur Verfügung zu stehen und die wichtigen Mitspieler finden sich alle im selben Workshop und teilen denselben Wissensstand. Sofern sie an einer Verbesserung interessiert sind, werden sie auch ihren Teil der Verantwortung übernehmen.

Zusammenfassung des Potenzials eines Rückkopplungsworkshops:

- Aufdecken und relativieren von Fehleinschätzungen und Instrumentalisierungsversuchen;
- Eliminieren von Verzerrungen durch den Berater;
- Bearbeitung von Widersprüchen und offenen Punkten aus den Interviews;
- Feinabstimmung der Parametrierung;
- Bestätigung des Modells und Verabschiedung einer gemeinsamen Sichtweise;
- Erarbeitung von Lösungsansätzen.

Der Umfang eines solchen Workshops wird laufend unterschätzt. Alleine die Präsentation der Erkenntnisse über eine Struktur von fünf bis sieben Personen nimmt eine Größenordnung von zwei Stunden in Anspruch. Weitere zwei Stunden sind für Reflexion und Diskussion der Darstellung inklusive Korrektur der Parameter anzusetzen. Damit ist ein halber Tag für Rückmeldung und Abstimmung vorzusehen – und dies ist knapp bemessen. Für eine substanzielle Erarbeitung von Verbesserungsvorschlägen ist ein weiterer halber Tag einzuplanen. Hier ist insbesondere zu berücksichtigen, dass die Teilnehmer nur selten darin geübt sind, Metakommunikation über soziale Interaktionsbeziehungen zu führen. Es dauert eine gewisse Zeit, bis sie sich darauf einlassen und es möglich ist, konstruktiv an Verbesserungen zu arbeiten. Bei den angegebenen Werten handelt es sich um minimale Durchlaufzeiten, die je nach sozialem Gefüge, Konfliktpotenzial und Ausprägung von Schwierigkeiten erheblich variieren können. Es spricht einiges dafür, Rückkopplung und Erarbeitung von Verbesserungsmaßnahmen auf zwei Termine aufzuteilen. Setting und Konzept des Rückkopplungsworkshops sind in jedem Fall an das zu beratende System und an die Ergebnisse anzupassen.

PowerSocks wäre gut beraten, allein in die Erarbeitung von Verbesserungsmaßnahmen mindestens einen Tag zu investieren. Der Konflikt zwischen Herrn Newbee, Frau Holle und Herrn Kern sollte umfassend aufgearbeitet werden, und man muss davon ausgehen, dass praktikable Gegenmaßnahmen einiges an kreativer Energie erfordern. Darüber hinaus besteht das Potenzial, dass auch die Rolle von Frau Huber Aspekte zu Tage bringt, mit denen man nicht gerechnet hat und deren Bearbeitung ebenso entsprechend Zeit in Anspruch nehmen wird.

Die Dreiteilung des Workshops in Rückmeldung, gemeinsame Reflexion und Verbesserungsmaßnahmen hat sich aber durchaus als nützlich erwiesen. Insbesondere erlaubt sie eine Ausdehnung über mehrere Zeiteinheiten hinweg und schafft zudem die Möglichkeit, themenspezifisch entsprechende Fachexperten hinzuzuziehen. Mitunter könnte es hilfreich sein, Konfliktcoaches für die Erarbeitung von Verbesserungen beizuziehen. Ebenso wäre aber auch denkbar, diese Phase durch einen Prozessberater begleiten zu lassen (der aber mit der Methode der SIA vertraut ist). Dies ist individuell für jedes Vorhaben zu gestalten.

Simulation neuer Szenarien

Sobald bekannte Abläufe die Validität der Modellierung bestätigten und auch unter den Betroffenen ein gemeinsames Verständnis dafür erzielt werden konnte, kann die eigentliche Stärke der SIA zum Einsatz kommen.

Das Modell erlaubt die „Einspeisung" von Informationen und Simulation der Folgewirkung auf die soziale Struktur. Wie bei der Simulation bekannter Abläufe gilt es auch hier, für jede Person die Startbedingungen festzulegen. Dazu werden Grundeinstellungen (dafür, dagegen, noch keine Kenntnis) der Teilnehmer definiert. In weiterer Folge kann mittels der SIA errechnet werden, wie aller Voraussicht nach die Beeinflussung der anderen Systemmitglieder durch die von einer Person ins System gegebene Information aussehen würde. Natürlich lassen sich auch hypothetische Szenarien durchspielen, bei denen mehrere Systemmitglieder mit derselben Information auf die Gruppe wirken.

Die SIA erlaubt jedoch auch, im Laufe der Simulation einzugreifen und die Wirkung gezielter Interventionen – vorausgesetzt, sie gelingen in dieser Form – zu beleuchten. Dazu werden zu einem späteren Zeitpunkt die Einstellungen einzelner Personen durch neue Eingaben verändert und die Konsequenz im Modell durchgerechnet. Auf diese Weise können Szenarien nachgebildet werden, bei denen mehrstufige Kommunikation erfolgt. Ein Beispiel hierfür ist etwa ein geplanter Börsengang eines Unternehmens. Hier wird vielleicht in einem ersten Schritt die Führungsmannschaft informiert, die besonders vorsichtig und zurückhaltend die Mitarbeiter auf dieses Vorhaben vorbereiten soll. In einem nächsten Schritt könnten gezielt die Meinungsbildner adressiert werden, um den Boden für die darauf folgende Informationsveranstaltung seitens der Geschäftsleitung aufzubereiten. In entsprechender Form lässt sich auch einschätzen, was passiert, wenn es nicht gelingt, zwei Schlüsselmitarbeiter zu überzeugen, die stark im Unternehmen vernetzt sind, oder wie lange es dauern würde, bis diese von ihren Kollegen umgestimmt werden, um das richtige Timing für eine Großveranstaltung zu finden, bei der dann offiziell mit der Information herausgerückt wird.

Ähnliches gilt für die Nachbildung typischer Teameffekte, bei denen zuerst nur ein paar lose Kopplungen zwischen den Mitgliedern bestehen, die immer stärker und dichter werden. Zur Simulation eines solchen Szenarios mittels der SIA könnte der Anfangszustand –

strukturell und was den Informationsstand zu einem bestimmten Sachverhalt betrifft – abgebildet werden und die Berechnung damit beginnen. Nach und nach würde durch Erhöhung des Kopplungsfaktors und Herstellung zusätzlicher Verbindungen eine engere und dichtere Vernetzung in das Modell eingebracht werden. Dasselbe gilt auch für eine bewusst herbeigeführte Verbindung zweier Personen, die zuvor entkoppelt waren. Frau Holle gelingt es demnach, mit Hilfe der SIA vorherzusagen, welche Auswirkung es wohl hätte, wenn sie es schaffte, Herrn Newbee und Frau Hase im Zuge eines Teambuilding-Programms zu engerer Kooperation zu bewegen. Mit einer Simulation der (hypothetischen) Verbindung zwischen Herrn Newbee und Frau Hase könnte auch rasch deutlich werden, dass Ideen, die Herr Meier einbringt, schlagartig Begeisterung im gesamten Team auslösen würden, sobald Frau Hase von ihrem „neuen Lieblingskollegen", Herrn Newbee, davon erfährt.

Nachdem mittels SIA in kurzer Zeit unterschiedlichste Szenarien beleuchtet werden können, empfiehlt es sich, dieses Tool auch direkt im Workshop einzusetzen, wenn es darum geht, Verbesserungsmaßnahmen zu erarbeiten. Insbesondere die Auswirkung struktureller Veränderungen könnte damit sehr rasch bewertet werden. Selbst wenn die praktische Umsetzung nach wie vor Risiken und Herausforderungen mit sich bringt, so können doch auf diese Weise zahlreiche Stolperfallen erkannt und entkräftet werden.

Die SIA erlaubt bei der Simulation neuer Szenarien:

- Analyse der Wirkung derselben Information in Abhängigkeit von den Personen, die sie einbringen;

- Modellierung nachträglich veränderter Teamstrukturen (zusätzliche, stärkere oder andere Kopplungen zwischen Teammitgliedern);

- Betrachtung der Auswirkung bewusst gestalteter Kommunikationsstrategien (gezielte Information gewisser Personen zu bestimmten Zeitpunkten);

- Simulation von „Was-wäre-wenn?"-Szenarien, bei denen dieselbe Ausgangslage auf verschiedene Teamkonstellationen angewendet wird, unterschiedliche Ausgangssituationen auf dieselbe Struktur einwirken oder die Auswirkung einer Änderung von beidem analysiert werden soll.

Jeder Berater und jeder Anwender der SIA sollte sich des Umstandes bewusst sein, dass insbesondere bei korrekter Anwendung und bei Erzielen des gewünschten Erfolgs das ursprünglich erstellte Modell unbrauchbar wird. Eine strukturelle Änderung bringt es mit sich, dass sich der Ausgangszustand des Systems verändert hat. Daher muss man sich im Klaren darüber sein, dass jede organisatorische Anpassung eine Überarbeitung der Modellierung erfordert, wenn diese noch brauchbare Ergebnisse liefern soll (**Abbildung 5.3**). Da die Mitglieder dann aber den Prozess schon kennen und auch Änderungen nur in überschaubarem Rahmen stattfinden sollten, sind diese Re-Modellierungen meist mit geringeren Aufwänden verbunden als die ursprüngliche Erfassung. Selbst wenn keine bewussten Änderungen vorgenommen werden, muss man davon ausgehen, dass sich soziale Strukturen und individuelle Einstellungen täglich ändern. Angesichts der Tatsache, dass bereits minimale Unterschiede starke Einflüsse auf das Ergebnis nach sich ziehen können, besteht die Gefahr, dass falsche Schlussfolgerungen gezogen werden. Je älter die Modellierung ist, desto intensiver sollte daher auch hinterfragt werden, ob sie nach wie vor in akzeptabler Genauigkeit den realen Zuständen entspricht. Die Ironie bei der SIA ist, dass vor allem eine erfolgreiche Anwendung strukturelle Veränderungen nach sich zieht, die für weitere Simulationen eine Re-Modellierung erforderlich machen.

Abbildung 5.3 Übersicht: Ablauf SIA

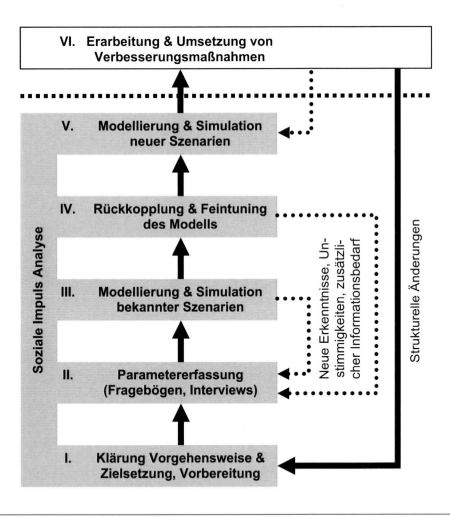

5.3 Typische Problemfelder

Es entspricht der Natur komplexer sozialer Konstellationen, dass nicht nur ihre wahren Strukturen, sondern auch potenzielle oder bereits real wirksame Problemfelder in ihren Wurzeln äußerst schwer zu erkennen sind. Neben fachlich-inhaltlichen Schwierigkeiten sind jedoch besonders jene tückisch, die sich erst infolge der Verknüpfung sozialer Akteure auswirken und daher bei isolierter Betrachtung einzelner Personen oder Phänomene nicht sichtbar sind. Die SIA erlaubt durch die ganzheitliche Erfassung sozialer Systeme und ihrer inneren Zusammenhänge, derartige Problemfelder erkennen zu können.

Grundsätzlich ist jedes soziale System einzigartig. Daher ist es nur in den seltensten Fällen zulässig, von Erkenntnissen, die aus der Arbeit mit einem bestimmten Team gewonnen wurden, auf andere Konstellationen zu schließen. In der Praxis zeigt sich allerdings, dass viele Schwierigkeiten in sozialen Konstellationen auf eines von drei Grundmustern zurückzuführen sind. Diese sind in der Natur sozialer Systeme begründet und betreffen deren Identität und Komplexität.

Die nachfolgende Darstellung soll ein Gefühl dafür vermitteln, wie diese typischen Problemfelder zu Stande kommen und wie mit ihnen umgegangen werden kann.

Widersprüche

Jedes System verfolgt einen bestimmten Sinn und Zweck und begründet damit seine eigene Identität sowie seine innere Logik, welche dementsprechend individuell und spezifisch ist. Daher ergibt sich zwangsläufig eine problematische Situation, wenn Vertreter zweier Systeme zusammenwirken sollen (zu den infolge unterschiedlicher Systemlogiken entstehenden Konflikten siehe Heintel 2005b). Das gilt nicht nur auf Systemebene, sondern insbesondere auch zwischen Individuum und Kollektiv, das in sich selbst noch einmal strukturiert ist (zum Konfliktpotenzial struktureller Unterschiede siehe Krainz 2005b).

Betrachten wir dazu unser Beispiel der Firma PowerSocks. Die Designabteilung hat etwa den Sinn, jährlich zwei Kollektionen zu erarbeiten, die den modischen Ansprüchen der Kunden gerecht werden. Wenn nun im Unternehmen ein Projekt ins Leben gerufen wird, das ein Konzept für Wollhauben entwickeln soll und an dem mehrere Designer mitarbeiten müssen, wird die Sache heikel (**Abbildung 5.4**). Die Designabteilung bildet ebenso ein System wie das Projektteam Wollhaube. Beide haben unterschiedliche Ziele und beide greifen auf dieselben Ressourcen, insbesondere Frau Garner, zu. Wenn nun nicht genug Designkapazität vorhanden ist, um beide Initiativen gleichermaßen zu befriedigen, sind Konflikte vorprogrammiert. Sie äußern sich in Unzufriedenheit der Mitarbeiter, Diskussionen, dass nicht alles gleichzeitig möglich sei, oder aber in Form von Systemabwehr, indem seitens der Designabteilung plötzlich zahlreiche Gründe vorgebracht werden, warum das Projekt Wollhaube eigentlich eingestellt werden sollte. Dasselbe ist natürlich auch in umgekehrter Form denkbar. Kurzum, die Mitarbeiter sehen sich mit unterschiedlichen Zielsetzungen konfrontiert, welche nicht gleichzeitig befriedigt werden können. Da sie ihren „Heimatsystemen" verpflichtet sind, ist es ihnen auch nicht möglich, diesen Zustand zu ignorieren. Im einfachsten Fall repräsentieren zwei unterschiedliche Personen die verschiedenen Systeme. Dies wäre im Beispiel bei Frau Spindel und Herrn Stable der Fall. Noch schwieriger ist es, wenn eine Person beiden Systemen Rechnung tragen soll und damit den Konflikt in sich selbst trägt. Bei PowerSocks trifft diese Bürde Frau Garner, die als Designerin auch beim Projekt Wollhaube mitarbeiten soll, daher Probleme mit ihren eigenen Kollegen bekommt und zudem auch im Projektteam nicht optimal integriert wird.

Abbildung 5.4 Widersprüche in sozialen Konstellationen

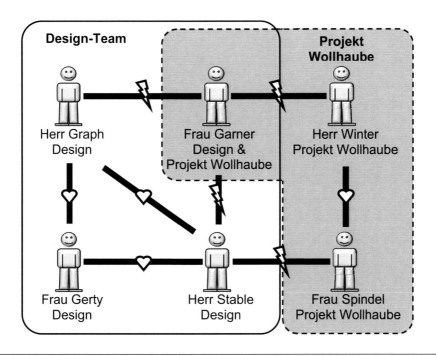

Bei loyalen Mitarbeitern kann man davon ausgehen, dass sie im Sinne des Systems handeln. Ist dies aber aufgrund systembedingter Widersprüche nicht möglich, kommt der Betroffene in eine Zwickmühle und es ist sehr wahrscheinlich, dass er dies in Richtung seiner Kollegen oder dem widersprechenden System gegenüber kundtut. Damit wird er zum personifizierten Widerspruch. Das ist auch der Grund, warum häufig einzelne Personen als „Schuldige" gefunden werden. Ein solches Vorgehen hat für das betroffene System den (zweifelhaften) Vorteil, augenscheinlich das Problem durch einen Systemausschluss der jeweiligen Person lösen zu können (s. auch Götz & Heintel 2000). Dies klingt einfach und bis sich die Konstellation neu ordnet, sieht die Welt schon wieder ganz anders aus. Meist wird aber übersehen, dass dabei das Symptom und nicht die Ursache eliminiert wurde und Letztere früher oder später wiederum mit einem neuen, eventuell andersartigen Symptom („Symptomverschiebung") zum Vorschein kommt.

Die SIA erlaubt es, diese Konstellationen aufzudecken, da sie informelle und formelle Subteams sichtbar macht. Dazu genügt es, in der sozialen Netzstruktur nach Personengruppen zu suchen, die sehr dicht vernetzt sind und die mit anderen Personengruppen negative Kopplungsfaktoren aufweisen. In vielen Fällen finden sich an diesen Grenzstellen auch latente und offene Konflikte.

Um diese zu lösen, muss ein Weg gefunden werden, mit dem Widerspruch umzugehen. Die einzelnen Systeme haben einen Sinn und sollen einen Zweck erfüllen. Damit ist es nicht zulässig, ihre Eigenständigkeit zu eliminieren, indem das eine oder andere System unterworfen wird. Auf diese Weise würde auch ein wesentlicher Teil der Handlungsfähigkeit eingebüßt werden. Beide Ausprägungen – ein Stopp der Wollhauben-Initiative oder die Einstellung der Arbeit an der neuen Socken Kollektion – würden wichtige Aspekte der Unternehmensstrategie untergraben. Was also tun?

Im Umgang mit Konflikten infolge von systembedingten Widersprüchen ist es vor allem wichtig, diese als unvermeidbar anzuerkennen und die Funktionslogik der betroffenen Systeme zu analysieren. Damit wird nachvollziehbar, warum es zu den Diskrepanzen gekommen ist (s. dazu auch Grimm 2009, S. 136f). In weiterer Folge gilt es, Situation für Situation in Form eines permanenten Widerspruchsmanagements zu bearbeiten. Oftmals helfen etablierte Antworten auf Widersprüche – wie z. B. Werte, Recht, Normen oder Rituale. Gerade im Kontext sozialer Systeme empfiehlt sich jedoch die Orientierung an den Zielen des übergeordneten Systems – den Milieubedingungen. Am Beispiel der Firma PowerSocks wäre dies der erfolgreiche und langfristige Bestand des Unternehmens. Wenn die Winterkollektion fertiggestellt werden soll, um das Jahresgeschäft abzusichern, ist der Widerspruch bei Designerengpässen wohl eher im Sinne des regulären Geschäfts zu entscheiden. Ist der Druck des Tagesgeschäfts etwas geringer und besteht Sorge, dass auf lange Sicht der Sockenmarkt an Attraktivität verliert, ist es angebracht, das Wollhaubenprojekt zu forcieren. Hier verknüpfen sich also operative Entscheidungen mit strategischen.

Faktum ist, dass ein systembedingter Widerspruch nicht ein für alle Mal durch eine einzelne Entscheidung beseitigt werden kann. Stattdessen ist es notwendig, in Form eines permanenten Managements zu bewerten, welche Lösung im konkreten Fall für die jeweiligen Systeme beziehungsweise übergeordneten Systeme die zielführende ist.

Komplexitätsbrüche/Abgrenzungen

Moderne Aufgabenstellungen übersteigen meist die Leistungsfähigkeit oder die Erfassungskapazität einzelner Personen. Dies ist der Hauptmotivator für Arbeitsteilung (vgl. **2.2 Von der Interaktion zum sozialen System**). Bei all dem Potenzial, das die Arbeitsteilung bietet, sind damit jedoch auch Abhängigkeiten verbunden, da eine Gesamtleistung nur noch durch Zusammenwirken mehrerer Akteure erbracht werden kann.

Eine Schwierigkeit, die bei Teamarbeit immer wieder auftritt, liegt in diesem Zusammenhang darin begründet, dass zwar unterschiedlichste Disziplinen in Form von verschiedensten Teammitgliedern mitwirken, diese aber nicht in dem erforderlichen Maß vernetzt sind, um der Aufgabenstellung gerecht zu werden. Gründe dafür sind häufig etablierte Subteams, die ihre Identität wahren wollen und sich entsprechend abgrenzen, Personen, die anderen Interessen verpflichtet sind und daher eine konstruktive Interaktion unterbinden, Systemmitglieder, die Hemmungen in der Kommunikation mit anderen haben oder schlichtweg überfordert sind. Letztlich ist die Konsequenz in jedem Fall dieselbe: Die Struktur ist mit der Aufgabe überfordert, da die relevanten Informationen nicht zu den Stellen gelangen, welche diese benötigen.

Abbildung 5.5 Komplexitätsbrüche in sozialen Konstellationen

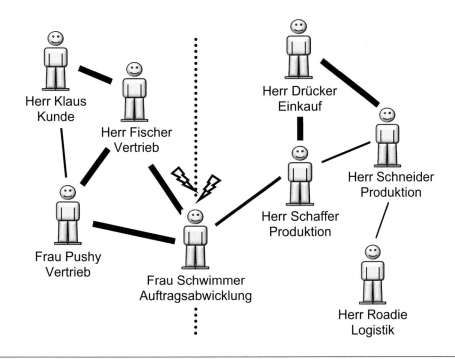

Besonders häufig findet man Komplexitätsbrüche bei Übergängen von einem Prozessschritt auf den nächsten. Wenn bei PowerSocks der Großkunde Klaus eine individuelle Fertigung von Wollsocken mit Rentieraufdrucken bestellt, ist ihm selbst vermutlich klar, was er erwartet (was jedoch erfahrungsgemäß nicht bei allen Kunden der Fall ist). Der Vertrieb nimmt den Auftrag an und gibt diesen an Frau Schwimmer in der Auftragsabwicklung weiter. Diese koordiniert die Bestellung der Wolle mit der Einkaufsabteilung, die Planung und Umsetzung der Fertigung mit der Produktionsabteilung und letztlich die logistische Abwicklung des Versands. Selbst bei diesem einfachen Beispiel kann vieles schiefgehen. Welche Qualität und Farbe soll die Wolle haben? Wie groß sollen die Rentieraufdrucke sein? Sollen die Socken einzeln verpackt werden oder in Hunderter-Kartons? Frau Schwimmer wird mit einer Vielzahl von Fragen konfrontiert sein, die sie mitunter nicht ad hoc beantworten kann, sodass sie beim Vertrieb rückfragen muss. Sie ist an der Schnittstelle zwischen Auftragseingang und Umsetzung, und wenn sie gewisse Informationen nicht hat, können die nachfolgenden Stellen nicht sicher sein, das richtige Ergebnis zu produzieren (**Abbildung 5.5**). Kann Frau Schwimmer etwa infolge von Überlastung die erforderlichen Daten nicht organisieren oder haben die betroffenen Abteilungen über Frau Schwimmer hinausgehend keine Kontakte zum Vertrieb oder zu Herrn Klaus, ist die Wahrscheinlichkeit sehr hoch, dass der Kunde mit dem fertigen Produkt keine Freude haben wird. Frau Schwimmers Überlastung führt in diesem Beispiel zu einem Komplexitätsbruch. Da sie nicht die nötigen Verbindungen aufrechterhalten kann und neben ihr keine Interaktionen zwischen Vertrieb und Umsetzung vorgesehen sind, hat das System trotz kompetenter Mitglieder keine Chance, die gestellte Aufgabe zu erfüllen.

Mittels der SIA können Komplexitätsbrüche aufgespürt werden, indem man die soziale Struktur modelliert und im ersten Schritt danach sucht, wo zwischen mehreren Personen enge Verbindungen herrschen (Subteam), von dieser Gruppe aber nur wenige zu anderen Mitgliedern. Ebenso finden sich Komplexitätsbrüche häufig an Stellen, wo einzelne Personen Verbindungselemente zwischen Subteams verkörpern. Fallen diese weg, sind die beiden Systeme entkoppelt (Wasserman & Faust 1994, S. 112ff). Selbst wenn eine solche Person zahlreiche positive Interaktionsbeziehungen zu anderen Kollegen hat – so hält Frau Schwimmer etwa mit sämtlichen Vertriebskollegen eine sehr enge Interaktionsbeziehung aufrecht – müssen alle Informationen über dieses Mitglied laufen, damit sie „auf der anderen Seite ankommen". Um feststellen zu können, ob die jeweilige Konstellation ein Problem darstellen kann, sollten in einem Simulationsdurchlauf mittels der SIA an jenen Stellen, an denen in der Praxis die Informationen einwirken, Impulse angelegt werden. Für PowerSocks wäre dies ein hoher Initialwert bei Herrn Klaus. In den weiteren Schritten der Simulation würde sich zeigen, dass die Information rasch zu den Vertriebskollegen und weiter zu Frau Schwimmer übermittelt wird. Man erkennt, dass das Umsetzungsteam keine Ahnung vom Auftrag hat, bis Frau Schwimmer die Information an Herrn Schaffer weitergibt und sich diese anschließend rasch verbreitet. In diesem Beispiel zeigt sich zudem, dass Herr Schaffer aus der Produktion vor dem Einkauf informiert wird. Für eine rechtzeitige Bereitstellung der Produktionsmaterialien könnte dies vielleicht suboptimal sein. Die Logistik ist die letzte Stelle, die vom Auftrag erfährt. So muss Herr Roadie auf Daten aus dritter Hand vertrauen, die er verhältnismäßig spät erhält.

Auf diese Weise erlaubt die SIA eine sehr plastische Verifikation, ob bestimmte Personen Engpässe darstellen und damit potenziell unreflektiert Komplexität im System reduziert wird. Ferner lässt sich auch die Auswirkung gut antizipieren, nachdem auch ermittelt wird, über welchen Weg beziehungsweise ob überhaupt die Informationen an die relevanten Stellen gelangt.

Einmal erkannt, ist es verhältnismäßig „einfach" (den Willen der Beteiligten vorausgesetzt), Komplexitätsbrüchen gegenzusteuern. Bewusste Schaffung zusätzlicher Verbindungen oder Entlastung der Engpässe würde eine unmittelbare Verbesserung mit sich bringen. So könnte es im Beispiel von PowerSocks ausreichend sein, wenn Herr Fischer bei Auftragseingang nicht nur Frau Schwimmer, sondern direkt auch Herrn Drücker informiert und beiden die Eckdaten der Bestellung mitteilt. Damit würde Frau Schwimmer von Herrn Schaffer nicht so intensiv mit Fragen bombardiert und hätte Kapazität, auch Herrn Roadie zu erläutern, in welcher Form die Logistik abgewickelt werden soll.

Im Modell der SIA wären dies zwei neue Verbindungen (zwischen Herrn Fischer und Herrn Drücker sowie zwischen Frau Schwimmer und Herrn Roadie). Die Simulation dieser neuen Struktur würde zeigen, dass die Informationen viel rascher und direkter an die zuständigen Stellen gelangen und damit der Komplexitätsbruch beseitigt ist. Nun ist die Struktur vermutlich in der Lage, den Auftrag wunschgemäß zu erfüllen.

Schleifen

Das dritte Muster, das in sozialen Systemen häufig zu Schwierigkeiten führt, sind Schleifenbildungen. Sie sind direkt auf die komplexitätsbedingten Verknüpfungen zurückzuführen und in vielen Teams, vor allem aber in mittelgroßen bis größeren Unternehmen, zu finden. Eine Schleife kommt zu Stande, wenn mehrere Personen in einer Reihe miteinander verbunden sind und die letzte Person wieder eine Verknüpfung mit der ersten hat: Person A ⇨ Person B ⇨ Person C ⇨ Person D ⇨ Person A ⇨ Person B ⇨ und so weiter.

Dies ist grundsätzlich nichts Ungewöhnliches. Allerdings wird eine Schleife problematisch, wenn sich die Wirkung einer Information bei einem Komplettdurchlauf verstärkt (Weick 1995, S. 106ff) (wenn sie nicht durch den schon beschriebenen Stille-Post-Effekt verzerrt wird). Da das Ende einer Schleife mit deren Anfang verbunden ist, führt das dazu, dass ein höherer Wert erneut eingekoppelt wird und sich dieser wiederum beim nächsten Durchlauf verstärkt. Wenn hier nicht gegengesteuert wird, ist die Konsequenz eine „Übersteuerung" – also Handlungsunfähigkeit – der Betroffenen.

Zur Veranschaulichung werfen wir erneut einen Blick auf das Unternehmen PowerSocks und konzentrieren uns auf das Umfeld von Herrn Newbee (**Abbildung 5.6**). Sein Vertrauter, Herr Meier, gibt ihm einen Tipp. Herr Newbee solle doch eine Plakatkampagne für die neue Tiger-Look-Linie entwickeln lassen. Herr Newbee greift diesen Vorschlag auf und erzählt Frau Holle davon. Erzürnt läuft diese zu Frau Hase und schildert in aller Ausführlichkeit, wie grotesk Herrn Newbees Vorschlag sei. Er wolle doch tatsächlich eine Linie, die sich noch in der Marktstudienphase befinde, vor Auswertung der Ergebnisse breitflächig bewerben. Frau Hase stimmt ihr zu, fürchtet um ihre Kunden und rät auch Herrn Kern, diese Kampagne möglichst zu verhindern. Herr Kern geht mit Frau Hase konform. Er nutzt jede Chance, um in internen Meetings die Plakatinitiative anzuprangern. Nun sieht aber Herr Newbee in Herrn Kern einen Verhinderer innovativer Ideen und fühlt sich durch dessen Gegenwehr in seinem Vorhaben bestärkt, sodass er einen Entwurf erarbeitet und diesen Frau Holle vorlegt. Klarerweise reagiert diese mit noch deutlicherer Ablehnung und auch Frau Hase schließt sich ihr an. Die Schleife beginnt, sich aufzuschaukeln. Die vier verbringen einen Gutteil der Arbeitszeit damit, über die Plakatkampagne zu diskutieren. Von produktiver Arbeit kann keine Rede mehr sein.

Schleifen können ganze Teams blockieren, selbst wenn der Auslöser schon lange nicht mehr vorhanden ist. So wird Herr Meier rasch feststellen, was seine Idee im Team ausgelöst hat. Die Dynamik der Diskussion lässt ihn aber nicht mehr zu Wort kommen und er bleibt ungehört.

Abbildung 5.6   Schleifenbildung in sozialen Systemen

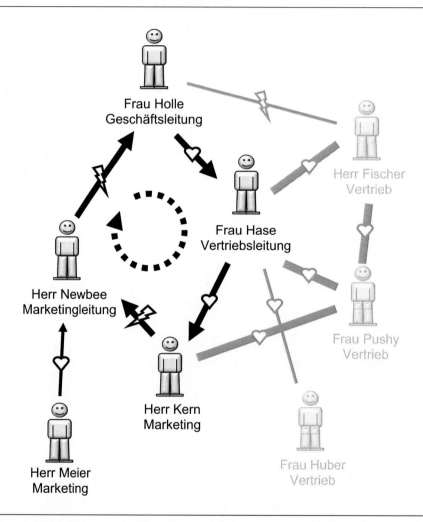

Derartige Konstellationen findet man mit der SIA, indem nacheinander an vermutlichen Problempunkten (d. h. Personen, die potenziell an sich selbst verstärkenden Schleifen beteiligt sein könnten) Impulse angelegt werden und über eine größere Anzahl von Zyklen simuliert wird, wie sich die Wirkungen im System abschwächen oder verstärken. Sofern sich nach 20 bis 30 Zyklen eine Situation einstellt, in der eine Reihe von Systemmitgliedern kontinuierlich Extremwerte aufweist oder zyklisch von einem zum anderen Extremwert kippt, wurde mit hoher Wahrscheinlichkeit eine sich selbst verstärkende Schleife gefunden. Zur Bestätigung, dass es sich um eine Schleife handelt, muss das Ergebnis bei den davon betroffenen Mitgliedern identisch sein, auch wenn der Impuls von einer anderen Person in der Kette ausgelöst wird.

Obwohl (beziehungsweise weil) Schleifen ganze Teams lahmlegen können, bieten sie viele Ansatzpunkte zur Gegensteuerung. Damit sich eine stabile Schleife ausbilden kann, müssen mehrere Personen mitwirken. Sobald nur eine aus dem Spiel ausscheidet, ist die Schleife unterbrochen und deren Wirkung verpufft.

Im Beispiel der Firma PowerSocks wurde zur besseren Verdeutlichung auch bewusst nur ein unidirektionaler Weg gewählt (Herr Newbee ⇨ Frau Holle ⇨ Frau Hase ⇨ Herr Kern ⇨ Herr Newbee ⇨ und so weiter). Damit ist unterstellt, dass Frau Holle zwar den Input von Herrn Newbee aufnimmt, ihm aber keine Rückmeldung gibt, sondern nur Frau Hase ihre Eindrücke schildert. Würde Frau Holle unmittelbar Herrn Newbee zurückmelden, dass sie die Idee für kontraproduktiv hält und würde sich Herr Newbee an die Anweisung seiner Vorgesetzten auch halten, dann könnte die Schleife sehr rasch eingedämmt werden. Ebenso verliefe die Sache ganz anders, würde Frau Hase mit Herrn Kern nicht über die Kampagne sprechen oder hätte Herr Kern ein gutes Verhältnis zu Herrn Newbee und würde er diesem im Vertrauen mitteilen, dass der Vorschlag im Unternehmen sehr kritisch gesehen wird.

Die zerstörerische Wirkung von Schleifen kann somit eingedämmt werden, indem sie an irgendeiner Stelle unterbrochen wird oder wenn dämpfende Elemente eingefügt werden. Dies könnten auch neue Verknüpfungen sein, die einer Verstärkung entgegenwirken. So wäre etwa durch eine konstruktive Interaktionsbeziehung von Frau Hase mit Herrn Newbee die Kampagne rasch vom Tisch, bevor noch größere Diskussionen im Team auftreten.

Wenn eine verstärkende Schleife entdeckt ist, findet man in der Regel auch zahlreiche Anknüpfungspunkte, um ihren problematischen Wirkungen gegenzusteuern. Die SIA unterstützt dabei, derartige Konstellationen aufzuspüren und zu bewerten, ob Gegenmaßnahmen erfolgversprechend sein können – noch bevor diese mit allen Konsequenzen in der Praxis umgesetzt werden.

5.4 Softwaregestützte Modellierung und Simulation

In den letzten Jahren wird die Relevanz sozialer Netzwerke zunehmend wahrgenommen. Bekanntschaften und gute Beziehungen, die auch schon 1000 Jahre zuvor das Leben erheblich erleichterten, wurden nun zur Disziplin des „Networkings" erhoben und ganze Schulungsprogramme vermitteln die richtige Form, sein persönliches Netzwerk zu gestalten. Mittlerweile grenzt dies beinahe an Paranoia, denn vielerorts wird dem Normalsterblichen vermittelt, er habe absolut keine Chance auf beruflichen Erfolg und privates Glück, wenn er nicht über ein umfassendes Netzwerk verfüge. Zugegeben, in gewissen Berufssparten wie etwa in einer Vertriebsfunktion ist ein breites Spektrum an Kontakten sicher förderlich. Allerdings darf nicht vergessen werden, dass die Qualität der Kontakte und nicht deren Anzahl von Bedeutung ist. Was nützt es, wenn Herr Checker alle Einwohner eines Ortes kennt, jedoch keiner von ihnen auch nur im Entferntesten daran denken würde, ihm etwas abzukaufen? Entsprechend **2.2 Von der Interaktion zum sozialen System**, bauen belastbare Strukturen auf einem erwartbaren, gegenseitigen Nutzen auf. Dies impliziert, dass ein qualitativer Kontakt den Beteiligten auch etwas abverlangt. Daher muss sich jeder überlegen, welche Beziehungen er in einem adäquaten Maß bedienen kann. Ab einer gewissen Größe wird es unüberschaubar und unproduktiv.

Am Markt finden sich für Normalverbraucher zahlreiche Plattformen und Tools, die sich auf eine reine Erfassung möglichst vieler Kontakte und deren Relationen fokussieren. Natürlich ist es ein erster Schritt zu wissen, wer wen kennt. So sind diese Hilfsmittel sicherlich eine Bereicherung, um alte Bekannte wiederzufinden oder Ansprechpartner in Unternehmen zu identifizieren. Hingegen endet deren Aussagekraft sehr rasch, wenn es darum geht, zu ermitteln, wer in einer bestimmten Angelegenheit tatsächlich etwas bewirken kann. Dabei ist es meist erst das Zusammenwirken mehrerer Akteure, die nur selten alle im eigenen Adressbuch stehen, das eine initiale Idee letztlich zu einem Erfolg werden lässt. Um die „richtigen" Personen für ein Projekt zu finden, sind Werkzeuge gefragt, die das Beeinflussungsverhalten innerhalb des Netzwerks abbilden können.

Daneben sind auch die zahlreichen akademischen Modelle zur Abbildung sozialer Netzwerke zu erwähnen. Sie bilden meist in perfekter Form die Interaktionsverbindungen zwischen Personen ab und errechnen anhand zahlreicher Parameter die Stabilität, Beeinflussbarkeit, Interaktionsdichte und so weiter. Auf diese Weise können unterschiedlichste Daten erhoben werden, die ein soziales Netzwerk auf hohem Niveau beschreiben. Leider sind die dafür verfügbaren Programme meist sehr abstrakt und kennzahlenorientiert gehalten, sodass sie den Benutzer, der kurz die Lage eines Teams einschätzen möchte, leicht überfordern. Zudem bieten nur wenige Tools auch die Möglichkeit, die Dynamik der Beeinflussung in sozialen Netzen zu simulieren.

Da zum Zeitpunkt der Entstehung dieses Buches am Markt nur wenige praktikable Hilfsmittel erhältlich waren, die das Beeinflussungspotenzial sozialer Verbindungen inklusive der zeitlichen Komponente simulieren konnten und die vor allem auch für die direkte Arbeit mit realen Teams gedacht waren, entwickelten wir (Reinhard Grimm und Florian Eckkrammer) ein Programm, das den Prozess der SIA unterstützt. Dieses soll exemplarisch herangezogen werden, um zu beschreiben, in welcher Form Software bei der Analyse sozialer Systeme dienlich sein kann, wissend und in der Hoffnung, dass vermutlich in Kürze am Markt noch weitere nützliche Tools für derartige Analysen verfügbar sein werden. Leser dieses Buches können bis auf Weiteres eine freie Version des Programms unter der Web-Adresse www.a-sia.eu/reader nutzen, um die hier beschriebenen Beispiele nachzuvollziehen oder eigene Netzwerke zu modellieren. Mit dem Benutzernamen „reader" und dem Passwort „networks4readers" stehen Ihnen die wichtigsten Funktionen für Testzwecke zur Verfügung.

Erfassung

Wenn Software unterstützend zum Einsatz kommt, müssen bei der SIA soziale Qualitäten in Rechengrößen übersetzt und diese untereinander kalibriert werden. Dies kann ein Computerprogramm nicht leisten, sondern hier muss das persönliche Gespräch mit den Systemmitgliedern an erster Stelle stehen, um sich ein Bild von der Situation zu verschaffen. Allerdings ermöglicht Software ein rasches Erfassen einer ersten Indikation, indem die Betroffenen in Form einer Selbsteinschätzung ihre Interaktionsbeziehungen festhalten.

Abbildung 5.7   Beispiel: Eingabemaske für Ersterfassung (Auszug)

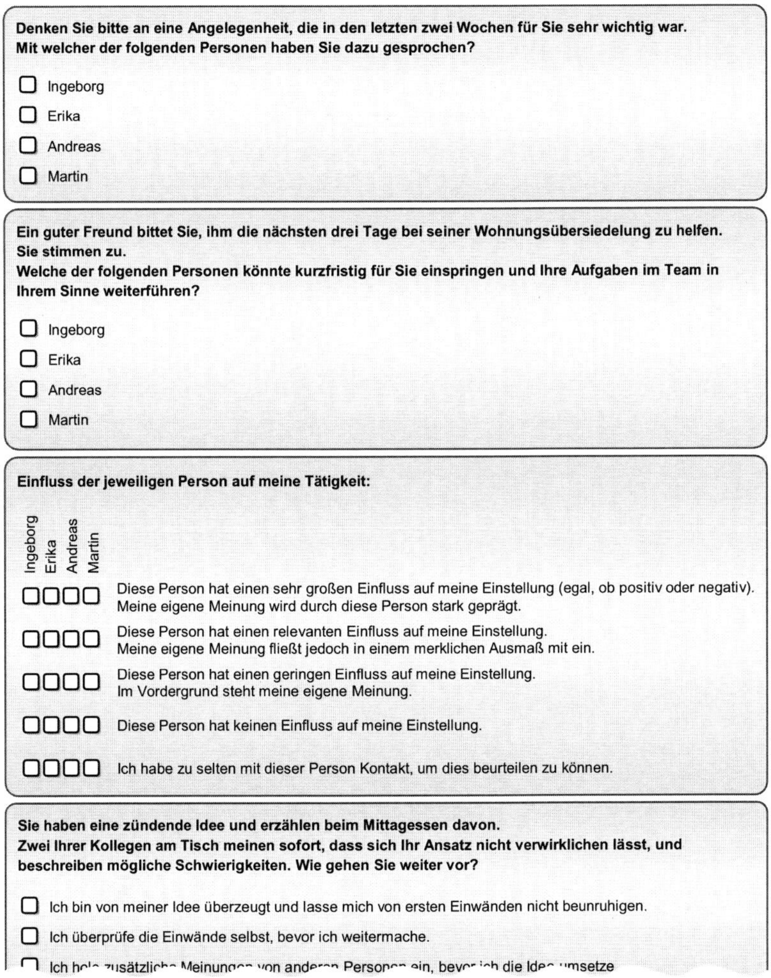

Denken Sie bitte an eine Angelegenheit, die in den letzten zwei Wochen für Sie sehr wichtig war.
Mit welcher der folgenden Personen haben Sie dazu gesprochen?

- ☐ Ingeborg
- ☐ Erika
- ☐ Andreas
- ☐ Martin

Ein guter Freund bittet Sie, ihm die nächsten drei Tage bei seiner Wohnungsübersiedelung zu helfen.
Sie stimmen zu.
Welche der folgenden Personen könnte kurzfristig für Sie einspringen und Ihre Aufgaben im Team in Ihrem Sinne weiterführen?

- ☐ Ingeborg
- ☐ Erika
- ☐ Andreas
- ☐ Martin

Einfluss der jeweiligen Person auf meine Tätigkeit:

Ingeborg / Erika / Andreas / Martin

- ☐☐☐☐   Diese Person hat einen sehr großen Einfluss auf meine Einstellung (egal, ob positiv oder negativ). Meine eigene Meinung wird durch diese Person stark geprägt.
- ☐☐☐☐   Diese Person hat einen relevanten Einfluss auf meine Einstellung. Meine eigene Meinung fließt jedoch in einem merklichen Ausmaß mit ein.
- ☐☐☐☐   Diese Person hat einen geringen Einfluss auf meine Einstellung. Im Vordergrund steht meine eigene Meinung.
- ☐☐☐☐   Diese Person hat keinen Einfluss auf meine Einstellung.
- ☐☐☐☐   Ich habe zu selten mit dieser Person Kontakt, um dies beurteilen zu können.

Sie haben eine zündende Idee und erzählen beim Mittagessen davon.
Zwei Ihrer Kollegen am Tisch meinen sofort, dass sich Ihr Ansatz nicht verwirklichen lässt, und beschreiben mögliche Schwierigkeiten. Wie gehen Sie weiter vor?

- ☐ Ich bin von meiner Idee überzeugt und lasse mich von ersten Einwänden nicht beunruhigen.
- ☐ Ich überprüfe die Einwände selbst, bevor ich weitermache.
- ☐ Ich hole zusätzliche Meinungen von anderen Personen ein, bevor ich die Idee umsetze.

Abbildung 5.7 stellt beispielhaft eine entsprechende Eingabemaske dar. Diese ist von jedem Systemmitglied auszufüllen.

Der eigentliche Wert einer Software für den Berater liegt in dieser Phase jedoch darin, dass aus den Einzeleingaben ein vollständiges Netz erstellt wird. Jede Selbsteinschätzung, die ein Gruppenmitglied vornimmt, dient dazu, einen Teil des Abbilds der gesamten Struktur zu generieren. Sobald alle ihre Eingabe erledigt haben, liegt dem Berater unmittelbar ein erstes Bild der Interaktionsbeziehungen vor. So startet er in die persönlichen Gespräche mit einem Überblick über die Gesamtstruktur.

In der Darstellung der Gesamtstruktur bietet das Tool wiederum die Möglichkeit einer Parametrierung sämtlicher Interaktionsbeziehungen. Damit kann der Berater, aufbauend auf den Interviews mit den Betroffenen, jede einzelne Beziehung im Detail anpassen und Kalibrierungen im Vergleich zu anderen Verknüpfungen vornehmen. Da jede Verbindung für sich betrachtet wird und die Software im Hintergrund die komplette Struktur des Netzwerkes verwaltet, bleibt diese Aufgabe für den Berater überschaubar. Er geht Person für Person durch und konzentriert sich jeweils auf eine Verknüpfung nach der anderen, wie sie auch von den Akteuren beschrieben werden. Die Gesamtheit des Netzes wird daraus automatisch zusammengefügt und grafisch angezeigt. Auf diese Weise behält man das ganze System im Überblick, während einzelne Interaktionsbeziehungen parametriert werden.

Abbildung 5.8   Beispiel: Darstellung der Gesamtstruktur

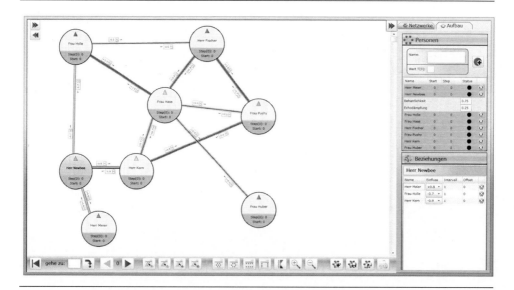

Simulation

Der offensichtlichste Vorteil einer softwaregestützten Modellierung sozialer Netzwerke liegt in der Simulation. Wenn man sich eine manuelle Berechnung mit einer Dauer von etwa einer Minute je Person und Zyklus vor Augen führt, wird deutlich, dass die Ermittlung von zehn Schritten bei zehn Personen schon eineinhalb Stunden in Anspruch nehmen würde. Dazu kommt die Fehleranfälligkeit manueller Kalkulation.

Mittlerweile sind Computerprogramme leistungsfähig genug, um in wenigen Sekunden hunderte Zyklen zu berechnen. Die hier vorgestellte Software ermittelt ausgehend vom Startpunkt entweder einen Zyklus nach dem anderen – um die Veränderung gut nachvollziehen zu können – oder alle Schritte bis zu einem definierten Endpunkt. Auf diese Weise lässt sich einerseits die Startphase im Detail analysieren und andererseits kann für die Auswertung auch ein Zeitpunkt in fernerer Zukunft simuliert werden. Wie beim Start können ebenso zu jedem beliebigen anderen Zeitpunkt schrittweise die Zyklen nach vorne und zurück errechnet und mit Hilfe einer Navigationsleiste (**Abbildung 5.9**) gesteuert werden.

Abbildung 5.9   Navigationsleiste

Für die Simulation muss das betreffende System vollständig modelliert sein und es wird vor Beginn der Berechnung definiert, wie die anfängliche Einstellung der Systemmitglieder zu einer gewissen Information ist. Dies erfolgt über Festlegung der Initialparameter sämtlicher Personen. Hierzu wird entweder der reale Zustand abgebildet oder ein hypothetischer Ausgangszustand, wenn es darum geht, Problemfelder aufzudecken oder „Was-wäre-wenn?"-Szenarien durchzuspielen. Für die beiden letztgenannten Simulationsläufe ist es der Aussagekraft und Übersichtlichkeit dienlich, wenn nur eine oder zwei Personen mit Initialwerten versehen werden. Für eine Simulation eines realen Szenarios ist es jedoch empfehlenswert, die Praxis möglichst passend wiederzugeben. **Abbildung 5.10** zeigt die Festlegung des Startwerts von Frau Holle (2), die von einer Idee begeistert ist, hingegen mit einer völlig konträren Einstellung zu Herrn Newbee (-2) ins Rennen geht.

Nach Festlegung der Initialwerte wird mittels Navigationsleiste Schritt für Schritt oder ohne Unterbrechung bis zu einem bestimmten Zeitpunkt ermittelt, wie die Information durch die Gruppe propagiert und sich die Systemmitglieder gegenseitig beeinflussen.

Abbildung 5.10   Beispiel: Festlegung des Ausgangszustands

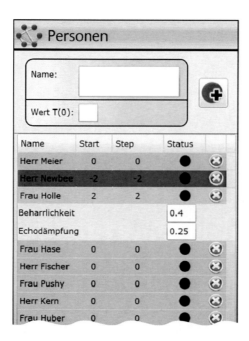

Eine Besonderheit der Implementierung ist die Möglichkeit, zu jedem Zeitpunkt Veränderungen an der Struktur vornehmen zu können. Auf diese Weise simuliert man etwa, welchen Einfluss es hat, wenn zu einem späteren Zeitpunkt neue Beziehungen aufgebaut und andere eliminiert werden. **Abbildung 5.11** zeigt eine neue Verbindung zwischen Frau Hase und Herrn Newbee, die sich beide offensichtlich nach einigen Tagen zu einer guten Gesprächsbasis durchringen konnten.

Bei einer manuellen Berechnung müssten für jede dieser Änderungen und für alle Szenarien jeweils mannigfaltige Kalkulationen durchgeführt werden. Per Software ist dies mit wenigen Mausklicks erledigt und der Berater kann damit in kürzester Zeit eine Vielzahl an Varianten, strukturellen Veränderungen und unterschiedlichen Ausgangskonstellationen simulieren sowie die Ergebnisse für spätere Auswertungen archivieren. Mit Hilfe dieser „Was-wäre-wenn?"-Überlegungen kann er direkt in Gesprächen mit den Betroffenen zeigen, wie fruchtbar es sein könnte, wenn Frau Hase und Herr Newbee eine konstruktive Arbeitsbeziehung eingehen würden.

Abbildung 5.11 Neue Verbindung

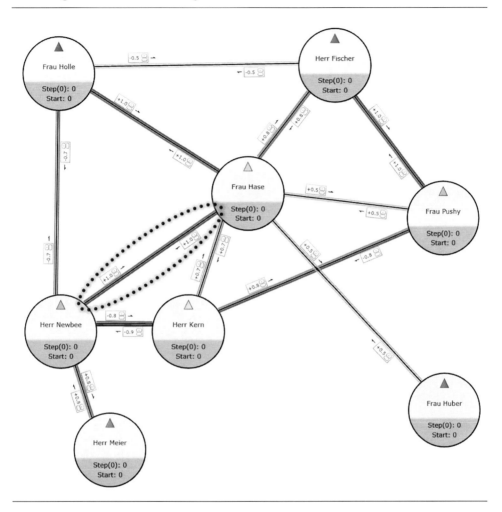

Visualisierung

Der jeweilige Status der Personen beziehungsweise dessen zahlenmäßige Repräsentanz wäre wohl nur bedingt aussagekräftig und schwer interpretierbar. Da die SIA vom Grundkonzept her eine Reflexion der Ergebnisse mit den Betroffenen verlangt, muss die Darstellung in eine Form gebracht werden, die für die Mitglieder auch anschlussfähig ist.

Das hier vorgestellte Programm leistet dies in zweierlei Hinsicht. Es stellt die statischen, strukturellen Aspekte in Form eines Grafen dar und bildet die dynamischen Veränderungen als Kurve im Zeitverlauf ab. Zur Verdeutlichung der Struktur werden sämtliche Personen für sich mit ihren aktuellen Zuständen farblich codiert dargestellt. Verbindungslinien repräsentieren in Farbe und Stärke die Ausprägung der Interaktionsbeziehung zwischen den Personen. Dadurch ergibt sich eine übersichtliche und einprägsame Darstellung der Gruppenstruktur. Bereits aus dieser Visualisierung können Komplexitätsbrüche, Subgruppierungen oder andere potenzielle Problemfelder erahnt werden.

Aus der Darstellung von Einstellungen sämtlicher Teammitglieder im Zeitverlauf lässt sich insbesondere das Beeinflussungsverhalten in der jeweiligen Konstellation ermitteln. Ausgehend von bestimmten Initialzuständen sieht man durch die Visualisierung in Form von Kurven, wie einzelne Personen nach ein paar Zyklen die Sichtweisen anderer übernehmen und mitunter sogar ihre ursprüngliche Meinung ändern. Ebenso zeigt sich dadurch plastisch, über welchen Weg und wann eine Information ein bestimmtes Gruppenmitglied erreicht.

Abbildung 5.12 Beispiel: Darstellung im Zeitverlauf

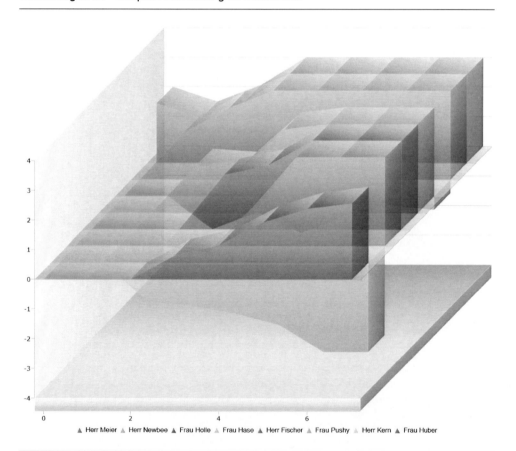

Die Werte für diese Kurve werden mit jedem Zyklus der Simulation berechnet. Damit steht ausgehend vom Initialzustand bis zu jedem beliebigen Zeitpunkt der Auswertung eine Darstellung im Zeitverlauf zur Verfügung (**Abbildung 5.12**). Wiederum berücksichtigt auch diese Visualisierung etwaige strukturelle Änderungen, wenn beispielsweise Verknüpfungen zu einem späteren Zeitpunkt im Modell ergänzt oder entfernt wurden beziehungsweise sich die Parameter einer Beziehung veränderten. Jede Änderung wird bei der Berechnung des darauffolgenden Zyklus einbezogen.

Insbesondere eine Darstellung des Beeinflussungsverhaltens im Zeitverlauf vermittelt Prognosen über mögliche Entwicklungen in anschaulicher Weise. Durch den Zeitbezug gewinnt man einen Eindruck von der Geschwindigkeit, mit der sich Informationen fortpflanzen und auf die Beteiligten wirken.

Die Einsatzmöglichkeiten sind aufgrund ihrer Konzentration auf das Wesentliche vielfältig und reichen von Reflexion mit den Systemmitgliedern bis hin zu „Was-wäre-wenn?"-Analysen des Beraters mit dem Auftraggeber. Vor allem erleichtert eine derartige Visualisierung das Auffinden potenzieller Problemfelder, da sehr deutlich wird, wenn etwa eine Information zu bestimmten Personen nicht durchdringt, sich Subgruppierungen mit gegensätzlichen Interessen stabilisieren oder mehrere Gruppenmitglieder sich gegenseitig so weit aufschaukeln, dass sie für andere Inputs nicht mehr zugänglich sind.

6 Beispiele

6.1 Stille Post

Das erste Beispiel soll das Prinzip der SIA verdeutlichen. Dazu wurde eine sehr überschaubare Konstellation – das Spiel Stille Post – mit fünf Akteuren gewählt. In diesem Fall sind ausschließlich Verbindungen in eine Richtung modelliert: Simone ⇨ Doris, Doris ⇨ Hugo, Hugo ⇨ Gerhard, Gerhard ⇨ Manuel, Manuel ⇨ Simone. Wie im Spiel ist es so, dass jeweils eine Person ihrem Nachfolger eine Information weitergibt, wobei die Weitergabe ausschließlich in eine Richtung erfolgt und stets nur ein Sender und ein Empfänger beteiligt sind. Als Erweiterung des Spiels wurde der Kreis geschlossen, sodass Manuel auch eine Verbindung zu Simone hat, um einen zweiten Durchlauf anzuschließen. Die Akteure haben auf ihren Nachfolger eine maximal positive Wirkung bis auf die Verbindung zwischen Manuel und Simone, die zwar positiv ist, aber leicht abgeschwächt.

Für die Simulation startet Simone mit einer Information, die sie Doris mitteilt, selbst aber im nächsten Schritt bereits vergessen hat. Doris greift die Botschaft auf und gibt sie im nächsten Zyklus an Hugo weiter. Im Zeitverlauf führt dies zu zeitlich versetzten Spitzen, die von einer Person zur nächsten durchlaufen (**Abbildung 6.1**). Sie repräsentieren die Wirkung der Information auf die jeweiligen Personen. Nachdem in diesem Beispiel eine sehr hohe Vergesslichkeit modelliert wurde, klingt diese auch im nächsten Zyklus völlig ab. An dieser Stelle sei nochmals erwähnt, dass nicht die Inhalte der Nachrichten modelliert wurden, sondern die Wirkungen, die sie infolge der sozialen Struktur bei den jeweiligen Akteuren hervorrufen.

6.2 Beharrlichkeit

In diesem Fall wird die Konstellation aus **Kapitel 4.2**, **Abbildung 4.4** modelliert. Dabei geht es um drei Personen. Zwei von ihnen, Kneisser und Gustl, sind sehr inkonsequent in ihrer Haltung. Ihre Überzeugung sinkt erheblich von einer Periode zur nächsten (geringe Beharrlichkeit). Hingegen bleibt Sturbock bei seiner Meinung und es bedarf eines starken Impulses, ihn zu beeinflussen.

Die sozialen Verbindungen sind so gestaltet, dass Kneisser direkt einen positiven Einfluss auf Gustl ausübt, aber umgekehrt keine Information fließt. Eine solche Konstellation könnte etwa der Fall sein, wenn Gustl Mitarbeiter von Kneisser ist und seinen Anweisungen bedingungslos Folge leistet, sein Vorgesetzter jedoch in keiner Weise auf Botschaften von Gustl reagiert. Ebenso wirkt Sturbock in diesem Beispiel direkt und in positiver Hinsicht auf Kneisser, aber nicht umgekehrt. Lediglich zwischen Sturbock und Gustl gibt es eine bidirektionale Verbindung, die beiderseits stark belastet ist. Demnach haben Nachrichten von Gustl eine stark negative Wirkung auf Sturbock und umgekehrt.

Abbildung 6.1   Anwendungsbeispiel: Stille Post

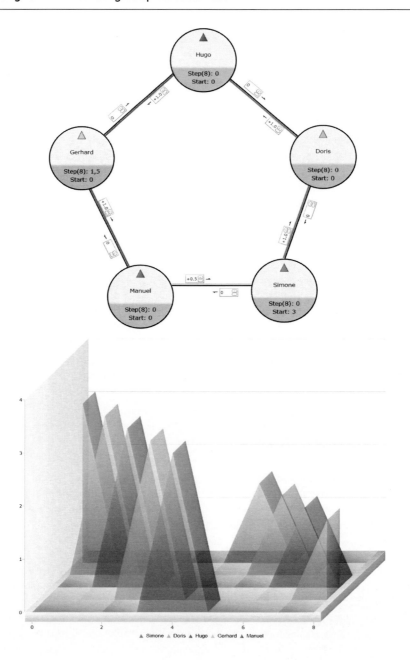

Abbildung 6.2 Anwendungsbeispiel: Beharrlichkeit

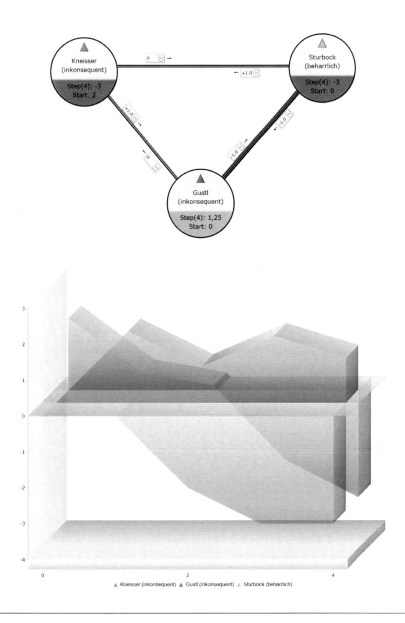

In der grafischen Darstellung des Modells zeigt sich die problematische Beziehung zwischen Sturbock und Gustl deutlich (**Abbildung 6.2**). Die daraus resultierende Konsequenz spiegelt sich in der zeitlichen Betrachtung wider. Kneisser bringt eine Information ein, die Gustl aufgreift, wogegen deren Wirkung bei Kneisser schon in der nächsten Periode merklich abfällt. Zudem kommt bereits im dritten Schritt der Konflikt zwischen Gustl und Sturbock zur Wirkung, indem Sturbock eine stark negative Haltung zu Gustls Nachricht einnimmt, die er dann direkt auch an Kneisser weitergibt. Kneisser folgt Sturbocks Impuls aufgrund deren positiver Verbindung und Kneissers eigener Inkonsequenz. Er wird von Sturbock umgestimmt.

Über einen längeren Zeitraum betrachtet zeigt dieses Beispiel auch, dass es zu einer Wellenbildung kommt, da es sich um eine Schleife mit zwei positiven und einer negativen Verbindung handelt (**Abbildung 6.3**). Dies sind typischerweise Konstellationen, die zu Entscheidungsunfähigkeit führen. Hier würde das bedeuten, dass Sturbock etwas vorgibt, das Kneisser und in weiterer Folge Gustl direkt übernehmen. Die negative Einstellung zu Gustl hätte jedoch die Konsequenz, dass Sturbock verzögert, aber doch seine Meinung ändert, damit aber auch Kneisser und folglich Gustl wieder umstimmt. In einer solchen Konstellation könnte kein stabiler Zustand eintreten und selbst Sturbock würde zu keiner eindeutigen Entscheidung gelangen.

Abbildung 6.3   Anwendungsbeispiel: Entscheidungsschwierigkeiten

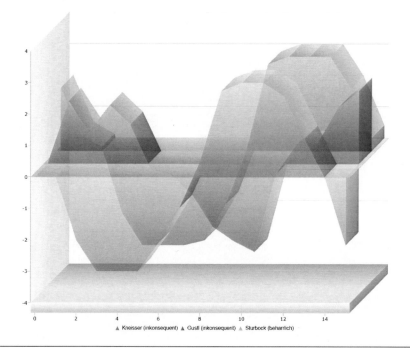

6.3 PowerSocks

Abschließend soll noch die Konstellation rund um Herrn Newbee in der Firma PowerSocks betrachtet werden. Die Modellierung erfolgte entsprechend der in **Kapitel 5.2** erläuterten und in **Abbildung 5.1** schematisch dargestellten Beziehungsstruktur. Demnach hat die Vertriebsleiterin, Frau Hase, eine zentrale Funktion und eine enge Beziehung zur Geschäftsleitung, Frau Holle. Ebenso sind die Kollegen Kern, Pushy, Fischer und Hase ein eingeschworenes Team mit stark positiven Beeinflussungsstrukturen. Ein leichter Konflikt findet sich in der Relation zwischen Herrn Fischer (Vertrieb) und der Geschäftsleitung.

Auf diese Konstellation trifft nun Herr Newbee als neuer Marketingleiter. Sein Verhältnis zu Frau Holle und Herrn Kern ist stark negativ behaftet. Die einzige Person, die ihm wohlwollend gesinnt ist, ist sein Mitarbeiter, Herr Meier. Zu weiteren Kollegen hat er keinen Kontakt.

Wie heikel diese Konstellation für Herrn Meier sein kann, zeigt sich in der Simulation der Kommunikationsflüsse. Dazu startet die Berechnung mit einem entsprechenden Initialwert bei der Person von Herrn Meier, der eine durch ihn eine eingebrachte Information repräsentiert. Im weiteren Verlauf ist zu erkennen, dass Herr Newbee diese aufgreift, aber damit unmittelbar auf Gegenwehr seitens Herrn Kern und Frau Holle stößt. Aufgrund deren enger und positiver Vernetzung innerhalb der restlichen Mannschaft haben Herr Meier und Herr Newbee nach kurzer Zeit die gesamte Kollegenschaft gegen sich.

Einem Berater wird aller Voraussicht nach der Konflikt zwischen Herrn Newbee und Frau Holle beziehungsweise Herrn Kern auffallen. Allerdings ist es schwierig, die richtige Maßnahme abzuleiten und die daraus resultierenden Konsequenzen einzuschätzen. Es ist naheliegend, dass Herr Newbee als neuer Marketingleiter eine Verbindung zu der Vertriebsleiterin, Frau Hase, etablieren sollte. Mit einem gemeinsamen Coaching-Programm für die beiden könnte dies mitunter auch gezielt forciert werden. Welche Auswirkung hätte diese Maßnahme jedoch auf die Gesamtkonstellation? Dies lässt sich nur schwer antizipieren, denn so eindeutig die Wirkung auf Herrn Kern zuvor war, so unsicher ist die Konstellation, wenn dieser prinzipiell gegen Herrn Newbee eingestellt ist, aber von Frau Hase, zu der er ein gutes Verhältnis hat, dieselbe Botschaft erhält, die ihm auch Herr Newbee kommuniziert.

Die Simulation erlaubt eine Prognose, wie sich eine positiv etablierte Interaktionsbeziehung zwischen Vertriebs- und Marketingleitung auswirken kann. Wiederum bringt Herr Meier einen Input ein, der von Herrn Newbee aufgegriffen wird. Nun übernimmt jedoch auch Frau Hase deren positive Einstellung und beeinflusst damit Herrn Kern und Frau Holle. Ihre starken Verbindungen zu den Kollegen Fischer, Pushy und Huber überzeugen folglich die genannten Kollegen. Im Laufe der Zeit bildet sich ein klares Muster heraus, demnach vor allem Herr Kern eine stark ablehnenden Haltung einnimmt und Frau Holle neutral bis leicht negativ eingestellt ist. Beide werden nach wie vor von der konfliktbehafteten Beziehung zu Herrn Newbee beeinflusst, können aber den Rest des Teams nicht mehr für sich gewinnen (**Abbildung 6.5**).

Abbildung 6.4 Anwendungsbeispiel: PowerSocks vor Coaching

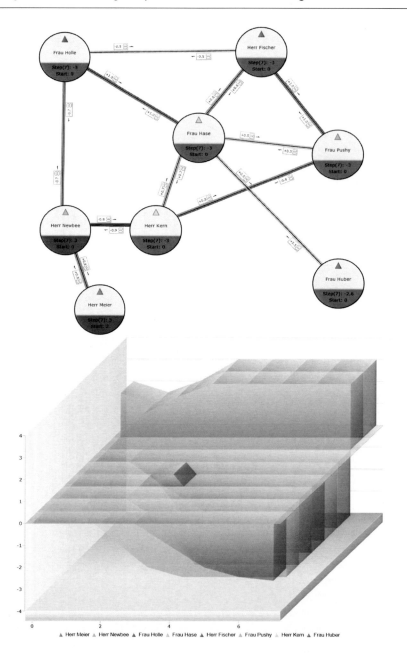

Abbildung 6.5 Anwendungsbeispiel: PowerSocks nach Coaching

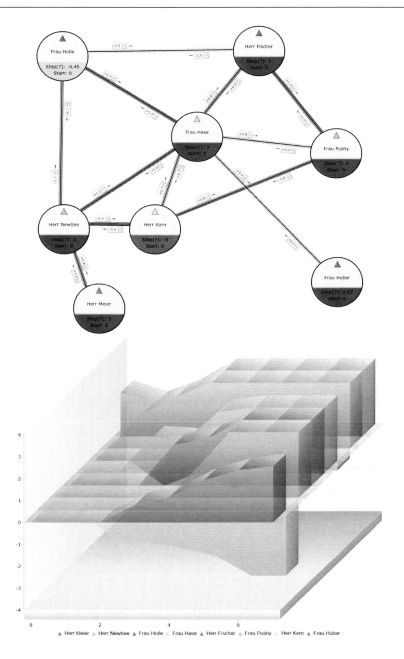

Das Beispiel zeigt, dass die gut gemeinte Maßnahme eines Coachings von Frau Hase und Herrn Newbee mit einer hohen Wahrscheinlichkeit dazu führen kann, dass sich der Konflikt auf die bestehende Mannschaft überträgt, die ursprünglich ein sehr gutes Verhältnis untereinander hatte. Zudem wäre eine mögliche Konsequenz aus der neuen Verbindung zwischen Vertrieb und Marketing, dass sich Frau Holle gegenüber der Konstellation nicht mehr durchsetzen kann.

Es handelt sich hierbei um eine Prognose einer möglichen Entwicklung. Ein Berater, der eine entsprechende Idee umsetzen möchte, sollte jedoch darauf vorbereitet sein, dass es rund um Herrn Kern und Frau Holle zu neuen Problemen kommen könnte.

Mittels der SIA lassen sich nun auch andere Konstellationen durchspielen. Auf diese Weise können potenziell gefährliche Entwicklungen antizipiert und die Vorgehensweise entsprechend angepasst werden. Eine mögliche Maßnahme in diesem Beispiel könnte es sein, einen gemeinsamen Teambuilding-Workshop zu veranstalten, bei dem auch Herr Kern und Frau Holle teilnehmen.

7 Auf den Punkt gebracht

Die Ausführungen zeigen, dass es möglich ist, das Verhalten von Menschen in Gruppen mit gewissen Unschärfen zu prognostizieren.

Aspekte, die zwingend mit der Bildung sozialer Systeme verbunden sind, fordern seitens der Mitglieder eine Einschränkung ihrer Handlungsfreiheit und führen damit zu Vorhersehbarkeit. Dazu zählen etwa Arbeitsteilung, individuelle Kapazitäten, Regeln im System, Qualifikationen, Ausprägung der Interaktionsbeziehungen und aktuelle Struktur beziehungsweise Zustand des Systems.

Dies klingt in erster Linie vielleicht etwas besorgniserregend, beschreibt aber die Grundlage, auf der jede Gruppe, jedes Team und jedes Unternehmen aufbaut. Gerade weil wir davon ausgehen können, dass sich die anderen Mitglieder entsprechend den Regeln und nicht völlig willkürlich verhalten, lassen wir uns auf soziale Beziehungen ein. Nur unter dieser Voraussetzung können Interaktionen einen vorhersehbaren Nutzen bringen. Das tägliche Leben ist geprägt von der Bemühung, die Handlungen anderer zu prognostizieren. Freilich kommt es auch vor, dass man ohne Hintergedanken, sozusagen naiv in ein Meeting kommt. Nicht selten aber macht man damit keine gute Erfahrung, und im Nachhinein sagt man sich dann, was man sich nicht alles hätte denken können und dass einem das kein zweites Mal passieren wird.

Nun sind die Menschen beim Berechnen von dem, was wahrscheinlich kommen wird, unterschiedlich talentiert. Hier setzt der Softwareingenieur an. Wer will, kann nun toolbasiert Einschätzungen erzeugen. Allerdings ist dies auch mit Softwareunterstützung im Alleingang schwierig, und wenn man als Berater von außen kommt, um einem Team behilflich zu sein, fehlen wichtige Informationen. Um die relevanten Faktoren möglichst wirklichkeitsgetreu zu erfassen, braucht man die Mitwirkung der Systemmitglieder. Zudem muss für eine Berechnung eine Übersetzung nicht messbarer Qualitäten in berechenbare Faktoren und umgekehrt erfolgen. Unter Einbeziehung der Betroffenen kann ein Modell angefertigt werden, das die Interaktionsbeziehungen einer spezifischen Personengruppe genau genug erfasst, um eine aussagekräftige Prognose der Wirkung bestimmter Informationen auf diese Struktur zu ermitteln.

Die SIA ist als Werkzeug für ein solches Vorhaben zu sehen. Sie unterstützt die Erfassung der einzelnen Verbindungen einer Gruppe unter Einbindung der Akteure und fügt diese zu einer Abbildung der Gesamtstruktur zusammen. Das so gewonnene Bild wird mit den Gruppenmitgliedern reflektiert und verfeinert, um möglichst nahe an die Realität zu kommen. Aufbauend auf dem daraus resultierenden Modell können Prognosen in Form von Simulationen erstellt werden, die veranschaulichen, welche Chancen eine Initialinformation hat, innerhalb der gegeben Struktur einflussreich zu werden.

Damit werden der Gruppe eine Diagnose zum aktuellen Zustand und eine Einschätzung zu daraus resultierenden Entwicklungsmöglichkeiten zur Verfügung gestellt. Mit diesem

Wissen und der Möglichkeit, alternative Szenarien zu analysieren, können Verbesserungsansätze entwickelt und vor deren Umsetzung in der Praxis potenzielle Problemfelder aufgedeckt werden. So kann es gelingen, in kurzer Zeit wirksame Veränderungsprozesse in sozialen Strukturen zu erarbeiten. Deren Umsetzung sollte aber unbedingt durch qualifizierte Personen unterstützt werden. Dahingehend ist die SIA auch primär als Hilfsmittel für Berater zu sehen, die auch die Realisierung etwaiger daraus abgeleiteter Maßnahmen begleiten.

An dieser Stelle sei nochmals darauf hingewiesen, dass es sich bei der SIA um ein Werkzeug handelt, bei dem – wie bei jedem anderen Werkzeug – erst durch die Art der Verwendung festgelegt wird, ob es zum Wohl oder Schaden von Menschen zum Einsatz kommt. Obwohl die zwingende Einbindung der Akteure ohnehin einer unangebrachten Verwendung in mehrerlei Hinsicht vorbeugt, bietet dieses Instrument einen derart wirksamen Hebel, dass unreflektierte und auch nur schlecht kontextualisierte Verwendung massive unerwünschte Folgen nach sich ziehen können. Von einer manipulativen oder laienhaften Anwendung wird daher abgeraten.

Wir hoffen, mit den vorliegenden Ausführungen einen guten Einblick in das Potenzial sowie die vielfältigen Einsatzmöglichkeiten soziometrischer Untersuchungen vermittelt und dabei eine Antwort auf die Frage gegeben zu haben, inwiefern soziales Verhalten prognostiziert werden kann. In jedem Fall wünschen wir viel Erfolg bei der qualifizierten und wohlwollenden Anwendung von SIA.

Literaturverzeichnis

Claessens, D. (1977 orig.): *Gruppe und Gruppenverbände:* Systematische Einführung in die Folgen von Vergesellschaftung, Hamburg 1995, Kovac.

Claessens, D. (1980): *Das Konkrete und das Abstrakte:* Soziologische Skizzen zur Anthropologie, Frankfurt/M., Suhrkamp.

Drucker, P.F. (2003): *Management im 21. Jahrhundert*, 3. Aufl., München, Econ.

Durkheim, E. (1992): *Über soziale Arbeitsteilung:* Studie über die Organisation höherer Gesellschaften, Frankfurt/M., Suhrkamp.

Enzensberger, H.M. (2009): *Fortuna und Kalkül:* Zwei mathematische Belustigungen, Frankfurt/M., Suhrkamp.

Goffman, E. (1986): *Interaktionsrituale:* Über Verhalten in direkter Kommunikation, Frankfurt/M., Suhrkamp.

Götz, K. & Heintel, P. (2000): *Das Verhältnis von Institution und Organisation:* Zur Dialektik von Abhängigkeit und Zwang, 2. Aufl., München/Mering, Rainer Hampp.

Grimm, R. (2009): *Einfach komplex:* Neue Herausforderungen im Projektmanagement, Wiesbaden, VS Verlag für Sozialwissenschaften.

Heintel, P. (2005a): *Zur Grundaxiomatik der Interventionsforschung*, in: P. Heintel, L. Krainer, I. Paul-Horn (Hg.): *Klagenfurter Beiträge zur Interventionsforschung*, Band 1, Klagenfurt, Eigenverlag.

Heintel, P. (2005b): *Widerspruchsfelder, Systemlogiken und Gruppendialektiken als Ursprung notwendiger Konflikte*, in: G. Falk, P. Heintel, E.E. Krainz (Hg.): *Handbuch Mediation und Konfliktmanagement*, Wiesbaden, VS Verlag für Sozialwissenschaften, 15-34.

Heintel, P. & Krainz, E.E. (2000): *Projektmanagement:* Eine Antwort auf die Hierarchiekrise?, 4. Aufl., Wiesbaden, Gabler.

König, O. & Schattenhofer, K. (2006): *Einführung in die Gruppendynamik*, Heidelberg, Carl-Auer-Systeme.

Krainz, E.E. (1995): *Steuern von Gruppen*, in: B. Voß (Hg.): *Kommunikations- und Verhaltenstrainings*, Göttingen, Verlag für Angewandte Psychologie, 206-220.

Krainz, E.E. (2005a): *Erfahrungslernen in Laboratoriumssettings:* Trainingsgruppe und Organisationslaboratorium, in: G. Falk, P. Heintel, E.E. Krainz (Hg.): *Handbuch Mediation und Konfliktmanagement*, Wiesbaden, VS Verlag für Sozialwissenschaften, 311-326.

Krainz, E.E. (2005b): *Die Morphologie der sozialen Welt:* Ihre Bedeutung für die Entstehung und Bearbeitung von Konflikten, in: G. Falk, P. Heintel, E.E. Krainz. (Hg.): *Handbuch Mediation und Konfliktmanagement*, Wiesbaden, VS Verlag für Sozialwissenschaften, 35-56.

Krainz, E.E. (2008): *Gruppendynamik als Wissenschaft*, in: P. Heintel (Hg.): *betrifft:TEAM:* Dynamische Prozesse in Gruppen, 2. Aufl., Wiesbaden, VS Verlag für Sozialwissenschaften, 7-28.

Krohn, W. & Küppers, G. (Hg.) (1992): *Emergenz:* Die Entstehung von Ordnung, Organisation und Bedeutung, Frankfurt/M., Suhrkamp.

Lackner, K. (2008): *Widerspruchsmanagement als Kriterium für Gruppenreife*, in: P. Heintel (Hg.): *betrifft:TEAM:* Dynamische Prozesse in Gruppen, 2. Aufl., Wiesbaden, VS Verlag für Sozialwissenschaften, 85-91.

Luhmann, N. (1975): *Soziologische Aufklärung 2*, Opladen, Westdeutscher Verlag.

Luhmann, N. (1987): *Soziale Systeme:* Grundriß einer allgemeinen Theorie, Frankfurt/M., Suhrkamp.

Maturana, H.R., Varela, F.J. (1991): *Der Baum der Erkenntnis:* Die biologischen Wurzeln des menschlichen Erkennens, 12. Aufl., München, Goldmann.

Moreno, J.L. (1995): *Die Grundlagen der Soziometrie:* Wege zu Neuordnung der Gesellschaft, 4. Aufl., Opladen, Leske + Budrich.

Mühlmann, H. (1996): *Die Natur der Kulturen:* Entwurf einer kulturgenetischen Theorie, Wien/New York, Springer.
Riedl, R. (2000): *Strukturen der Komplexität:* Eine Morphologie des Erkennens und Erklärens, Berlin/Heidelberg/New York, Springer.
Tuckman, B.W. (1965): Developmental Sequence in Small Groups, *Psychological Bulletin 63*, 384-399.
Wasserman, S. & Faust, K. (1994): *Social Network Analysis:* Methods and Applications, New York, Cambridge University Press.
Weick, K.E. (1995): *Der Prozess des Organisierens*, Frankfurt/M., Suhrkamp.
Willke, H. (2000): *Systemtheorie I: Grundlagen*: Eine Einführung in die Grundprobleme der Theorie sozialer Systeme, 6. Aufl., Stuttgart, Lucius & Lucius.
Wimmer, R. (2004): *Organisation und Beratung:* Systemtheoretische Perspektiven für die Praxis, Heidelberg, Carl Auer.

Online-Quellen

A-SIA (2010): Testversion eines Programmes zur softwaregestützten Durchführung Sozialer Impuls Analyse, Abfrage: 10. Juni 2010, http://www.a-sia.eu/reader, Benutzername: reader, Passwort: networks4readers.
IFAG (2010): Institut für angewandte Gruppendynamik, Abfrage: 10. Juni 2010, http://www.ifag.at.

Stichwortverzeichnis

A

Akteur 17ff., 85, 96
Anonymität 96
Äquivalenzstruktur
 wechselseitige 14, 20, 31
Arbeitsteilung 15, 25, 104
Auflösung
 eines Systems 23
Autopoiesis 11

B

Beharrlichkeit 71, 92
Beziehungsstruktur 123
Binnenkomplexität 22, 26, 33
Binnenverhältnisse 60

D

Diagnose 6, 78
Doppelbindung 51
Dynamik 33, 55, 67, 72

E

Echodämpfung 71
Einfluss 48, 69
Einflussverhalten 68
Eingriff
 in ein System 29
Entscheidung 55
Erfassungskapazität 104
Erwartungshaltung 86
Erwartungshaltungen
 gegenseitige 13

F

Fehleinschätzung 97
Fragebogen 76
Funktionslogik *Siehe* Systemlogik

G

Geschlossenheit
 operative 29, 35ff., 43
Grenze
 eines Systems 22
Gruppe 4, 9ff., 45ff., 82, 99
Gruppendynamik 9, 45, 60

H

Handlung
 instrumentelle 14, 19
 vollendende 14, 20
Handlungsfähigkeit 43
 eines Systems 20
Handlungsfreiheit 16, 23, 32
Handlungsvariationen 24
Hierarchie 25, 56
Hierarchiekrise 25
Historizität 34

I

Identität *Siehe* Systemidentität
Individualität 4, 35
Individuum 19, 28, 33, 60
Information 10
Initialwert 106, 113, 123
Instrumentalisierung 76, 97
Interaktion 19
Interaktionsbeziehung 5, 16ff., 90ff., 106

Interventionsforschung 84
Interview 89, 97
Irritation 49, 69

K

Kalibrierung 90, 112
Kapazität 19, 26, 38
   limitierte 19
Knotenpunkt 87, 93
Kodierung 96
Kohäsion
   von Gruppen 57
Kommunikation 9ff., 27, 64, 99
Kommunikationsflüsse 123
Kommunikationsknoten 68
Kommunikationsoperation 22, 70
Kommunikationsstrategie 5, 83
Kommunikationsstruktur 68
Kommunikationswege 3, 69, 76
Komplexität 22ff., 56, 106
Komplexitätsbruch 104, 116
Komplexitätsdifferenz 22ff., 28, 36
Komplexitätsreduktion 32
Konflikt 26, 102, 123
Kontingenz 12, 40, 66
   doppelte 12
Kopplung 28, 92
   enge 31
   lose 31, 99

L

Leitdifferenz 32ff.
Leitfragen 89
Logik
   innere 37, 102

M

Macht 55
Materialbedingungen 28, 37
Matrixstruktur 24

Metakommunikation 98
Milieubedingungen 28, 37
Mitteilung 10
Modell *Siehe* Systemmodell
Modellierung 40, 67, 71, 93
   softwaregestützte 109

N

Netz 16, 94, 112
Netzwerk 16, 19, 39, 109
Netzwerk-Analyse 4
Netzwerkstruktur 25
Normen 48

O

Organigramm 87
Organisation 19ff., 34, 55ff.
Organisationslaboratorium 47, 56ff.
Organisationsprozess 62

P

Parameter 75, 81, 87, 96
Problemfelder 102
Prognose 65, 117, 123
Projektstruktur 24

Q

Qualitäten
   soziale 81, 111
Quantifizierung 81

R

Reflexion 87, 97, 115
Reflexionsdämpfung *Siehe* Echodämpfung
Regeln 13, 22, 40
Rolle 21
   des Beraters 92
Rückkopplung 84, 96

S

Selbstreflexion 38, 71
SIA *Siehe* Soziale Impuls Analyse
Simulation 40, 86, 94f., 99
   softwaregestützte 109
simulieren *Siehe* Simulation
Sinn 20ff., 32ff., 102
Software 109
Soziale Impuls Analyse 4, 67ff., 81ff.
soziales System 1, 10, 19ff., 34, 75
Soziogramm 4, 48, 64
Soziometrie 4, 56ff.
Standards 48
Startbedingung 94
Struktur 22, 32, 51ff., 64, 93, 112
   formelle 55
   hierarchische 24
   informelle 55
Subsystem 26, 70
Systemidentität 20, 24, 102
Systemkenntnis 82
Systemlogik 30, 36, 102
Systemmodell 39, 68ff., 93, 99
Systemsinn *Siehe* Sinn
Szenarien 99

T

Team 10, 21ff., 75
Teammitglied 75, 82, 99, 104
T-Gruppe *Siehe* Trainingsgruppe
Trainer 51
Trainingsgruppe 47ff.

V

Vergessenskurve 71
Verstehen 10
Vertrauen 48, 57, 69
Visualisierung 93
Vorhersage 1, 35, 77

W

Widerspruch 21, 102
Willensfreiheit 40
Wirkung
   einer Information 70
Workshop 96

Z

Zustand
   eines Systems 38

Die Autoren

Dr. Reinhard Grimm, MBA

arbeitet als Abteilungsleiter in einem international erfolgreichen Hochtechnologie-Unternehmen in Wien und lehrt an universitären und außeruniversitären Einrichtungen.

Nach einem Technikstudium und entsprechender beruflicher Ausrichtung sind seine wissenschaftlichen Schwerpunkte nunmehr Projektmanagement, soziale Kompetenz und Gruppendynamik. Zu diesem Themenkreis verfasste er auch mehrere Bücher und Artikel.

Aufbauend auf den Erkenntnissen seiner Forschungstätigkeit und Erfahrungen aus der Praxis entwickelte Reinhard Grimm im Jahr 2008 das Grundkonzept der Sozialen Impuls Analyse.

E-Mail: grimm@a-sia.eu, Homepage: www.a-sia.eu

Dr. Ewald E. Krainz

ist Professor für Gruppendynamik und Organisationsentwicklung an der Universität Klagenfurt sowie Lehrtrainer und Lehrberater der „Österreichischen Gesellschaft für Gruppendynamik und Organisationsberatung" (ÖGGO).

Die inhaltlichen Schwerpunkte seiner internationalen Forschungs-, Trainings- und Beratungstätigkeit sind Projektmanagement, Konfliktmanagement, Teambildung, soziale Kompetenz, Gruppendynamik und Organisationsentwicklung.

In seiner universitären und außeruniversitären Lehr- und Trainingstätigkeit ist er für die Konzeption und Leitung mehrerer Curricula zu den oben genannten Themen verantwortlich. Er ist Autor und Herausgeber zahlreicher Bücher und Artikel.

E-Mail: ewald.krainz@uni-klu.ac.at, Homepage: www.ifag.at